講談社文庫

代議士秘書

永田町、笑っちゃうけどホントの話

飯島 勲

講談社

まえがき

私は大学を卒業した後、数年間のサラリーマン生活を経て、代議士秘書となった。以来、選挙、陳情処理といった秘書活動に従事するとともに、大臣秘書官を経験し、さらに永年秘書（公設秘書二十年の経歴者は院の議長より表彰を受ける）となった現在も永田町に勤務している。その意味では、三十年間、恵まれた秘書人生を送ってきたといっていいだろう。

一般に秘書の命は短い。定着率は公設秘書で平均四、五年、私設秘書まで含めれば三年弱ぐらいなものだ。そもそも、代議士が落選してしまえば、それでおしまいの世界ですからね。が、長く務めていると、秘書ならではの独特の能力を身につけることもできる。

本書をお読みいただければわかるが、議員事務所に持ち込まれる陳情はさまざまだ。会社が倒産しそうな人、詐欺のような真似をしてひと儲けをたくらんでいる人、叙勲がほしい人、地元の道路に予算をつけてほしい人、息子や知り合いを大学、あるいは会社に入れてほしい人……。われわれ秘書はこれらすべての人に会い、あるときには望みをかなえてやれるように奔走し、またあるときには丁重《ていちょう》に、かつキッパリとお引き取り願う。

たとえば、一つの陳情が見た目には解決不能のようであっても、それが選挙区からの頼まれごとであれば全力をもって対処し、解決策を見いださなければならない。なぜなら、それが成功すれば陳情者は恩を感じてわが先生に一生、票を入れてくれるからだ。票を金で買うような真似をしない事務所にとっての頼みの綱は、こういう熱心な支持者をどれだけ多く持っているかである。それだけに秘書は必死になる。

一方で永田町には、ときとして途方もない夢物語、儲け話が持ち込まれることもある。そのほとんどは眉ツバもののヨタ話だ。こういう話は絶対に秘書の段階でうまく断わらなければならない。というのは、先生に話を聞かせると、舞い上がってしまうことがあるんですね。だが、こういう場合だって、一つ処置を間違えれば政治家としての生命が終わってしまうこともある。

それだけに、秘書もベテランになればなるほど、世の中の仕組みに精通し、また危機管理能力にも長《た》けていく。そして、その能力が頂点に達すると、あらゆる事態に対処できる「人間マルチメディア」とでも呼ぶべき存在となる。こういう秘書は何をやらせても凄《すご》い。おそらく会社経営者になっても十分に成功するだろう。

永田町というのは義理と人情がもっとも色濃く残っている社会だ。「箱根山、駕籠《かご》に乗る人、担《かつ》ぐ人」という伝でいけば、秘書というのは明らかに担ぐ人といえる。いや、そんな格好のいいものでもない、ただの雑巾がけかもしれない。が、場数を踏めば、たとえ雑巾がけといえども、そのエキスパートになることができる、それが私がいうところの「人間マルチメディア」だ。

はたして、私自身がそのレベルまで達しているかどうかはわからない。それは読者のご判断におまかせするとして、一秘書の目から見た永田町の姿が（本人は新聞、テレビ、雑誌ではけっしてうかがい知れないところまで書けたと思うのですが）、日本の政治を考えるうえで何かの役に立てば私はそれで満足です。

平成十三年　二月

参議院選挙を目前にして

飯島《いいじま》　勲《いさお》

目次

第2章　選挙は日本でできる唯一の戦争だ

第3章　秘書はあらゆることを知っていなければならない

第4章　暇な先生のパフォーマンスにだまされるな

第5章　大臣への道

第1章

新聞、テレビではわからない永田町の素顔

永田町はとかく縁起をかつぐ

永田町一帯は擂《す》り鉢をひっくり返したような小高い丘の上にある。この丘は、かつて太田《おおた》道灌《どうかん》が江戸城のお濠をつくる際、掘り出した土を捨ててできたもの。つまり、もともと残土処理場だったのだ。

この擂り鉢山の上に国会議事堂、首相官邸、議員会館など、日本の政治を司《つかさど》る中枢が存在する。ここを拠点として跳梁跋扈《ちょうりょうばっこ》する国会議員の先生方は、まさに「お山の大将」というわけですな。

ついでにいっておくと、自由民主党本部はこの永田町のお山の上にあるが、社民党本部のビルは坂を少し下った三宅坂《みやけざか》の交差点前にある。自由党にいたってはお山の麓、溜池《ためいけ》だ。この配置、なにやら現在の各党の現状を物語っているような気がしないでもない。

永田町はとかく縁起をかつぐ世界だ。

たとえば、議員会館の部屋番号である。国会議員というのは、選挙ごとにだいたい三分の一が入れ替わる。つまり議員会館の部屋の主もその分だけ交代するわけであるが、新たに当選してきた議員は、その部屋割りだけで一喜一憂する。

永年勤続していた先生が引退した後の部屋、これはもう誰でも大喜びで入る。ところが、落選した先生の部屋の後がまに入るのは、なんとはなしに心地がよくない。なかには「ここに入ると、次の選挙では必ず落選する」というジンクスのある部屋もある。こういう部屋に入ることになった先生は心中、穏やかでない。そこで心の中で気持ちのお祓《はら》いを必死にしながら、なんとか別の部屋に移ろうとする。

国会議員のなかにも、ときに亡くなる先生や、なんらかの理由で議員を辞職する先生がいる。その場合、議員会館の部屋はすみやかに明け渡さなければならない。その空いた部屋を狙うのである。大臣経験があり、しかも勤続年数の長かった先生の部屋ともなれば最高だ。もう希望者が殺到する。

最近でいえば、昨年、他界された竹下登《たけしたのぼる》先生の部屋なんて、みんな入りたいでしょうね。ま、こういうことを気にしないのは、共産党の先生ぐらいだろう。

二世議員で父親の地盤を引き継いで当選した先生は、なべて先代のいた部屋に入りたがる。小渕恵三《おぶちけいぞう》前首相が入っていた部屋には、ご令嬢の小渕優子《ゆうこ》議員が入っているし、安倍晋《あべしん》太郎《たろう》氏の部屋には息子さんの安倍晋三《あべしんぞう》議員（現官房副長官）が入っている。

ただ、これはいうまでもなく、後継者が当選できた場合で、落選してしまったらどうしようもない。そういう空部屋も大人気となる。

ちなみに、議員会館というのは衆議院が第一と第二の二つ、参議院が一つの計三つである。このなかでは衆議院の第一議員会館がもっとも古い。したがって古参の先生が多く、第二議員会館は比較的、最近、当選してきた先生が多い。当選と落選を繰り返す先生は、もうしょっちゅう、あっちに行ったりこっちに行ったりしてますがね。

なかには衆議院第一議員会館の首相官邸が見おろせる部屋に引っ越して、毎日、官邸をながめながら「大臣になるぞ、大臣になるぞ」と唱えていた先生もいたとか……。

ところで、その首相官邸もゲンをかつぐことでは負けてはいない。

たとえば官邸の屋根からは四角い煙突が突き出ているのだが、その四面をよくよく見てみると、フクロウをかたどった板が取り付けてある。これは、永田町の夜の番人という意味だ。

また、正面玄関を入り二階へ続く、俗に「男の花道」といわれる階段の上には、四つの岩に羽ばたく鷲を描いた時代物の衝立《ついたて》が置いてある。これは長野県の旧高遠藩《たかとお》、内藤家が所蔵していたもので、「この荒れ狂う日本をワシが治める」という意味がある。

さらに、これはあまり知られていないが、この階段を下りて裏に回ってみると、壁から水が滝のように出る細工がほどこされており、そこに蛙が三匹彫ってある。これは、官邸に来る客があまり長くいると、総理の座がおかしくなるから、早くカエレという意味だ。すなわち政権が長続きしますように、との願いが込められているのである。

議員秘書のセコイ話

さて、永田町の主役といえば、なんといっても国会議員の先生たちだ。彼らは厳しい選挙をくぐり抜けて、やっとの思いで議員バッジをつけ、議員会館に入る。そして最初にするのが、公設秘書の指名である。

国会議員には、国民の税金で給料が支払われる公設秘書を三名まで指名することができる。一人当たりの給料は年間およそ六百万円弱。昔は第一秘書と第二秘書の二人しかいなかったが、最近はその上にもう一人、政策秘書を置くことが認められた。

が、もちろんこれだけでは、とうてい議員の活動を支えることはできない。そこでほかに数人の私設秘書を置くのが普通だ。彼らの給料は、当然ながら先生のポケットマネーから支払われる。

一般には公設、私設を含め、秘書の数は十人前後。が、なかには二十人、三十人の大秘書軍団を抱えている事務所もある。こういう場合、ときに先生自身も自分に何人の秘書がいるのかわからなかったりする。

ま、これはあくまで私見だが、秘書の数があまりにも多い事務所というのは、なにか政治関係以外のことをしている場合が多いですな。

ひと昔前、世間を騒がせた関東地方選出のY先生などもその口で、一時は二十名を超える秘書がいた。なにせ秘書同士がお互いに顔を知らないものだから、議員会館に集まるとみんなで名刺交換をしていたとか。

だいたい、国会議員という肩書をビジネスのタネにしているような先生にかぎって、地元からの陳情、予算づけ対策のための秘書は極力少なく抑え、金集め担当の秘書だけをいっぱい抱えこむ。そしてマスコミへの売込み担当秘書を置き、テレビに出ては「政治家は忙しい」とか「国政が」などとうそぶくのである。

こうなると、もう始末が悪い。なにしろ国民はこういう先生を見て「国会議員なんてみんなあんなようなものだろうナ」という印象を持ってしまうんですからね。本当はまじめな議員や秘書もいっぱいいるというのに……。

ところで、いまだに官尊民卑の風潮が強いわが国では、どうも私設秘書より公設秘書のほうが偉いと思われがちだ。が、私自身は公設、私設、あるいは年齢、性別を問わず、秘書はみな対等だと思っている。なぜならその全員を、自分の先生が秘書として指名したんだから、事務所を支えるスタッフであることには変わりがない。

クルマを運転する人、電話を取る人、調べ物に歩く人、陳情を聞く人……、すべてがそろって初めて議員活動を支えることができるのである。

なかには、冠婚葬祭専門なんていう秘書を抱えている先生もいますがね。ちなみにこの秘書は他のことは一切せず、ひたすら弔電、祝電を打ちまくり、さらにはいろいろなパーティの手伝い、結婚式、告別式に出るのだけが仕事。

人生いろいろ、秘書もいろいろといったところでしょうかね。

それにしても、世間のみなさんは、議員秘書というと、権力の裏側でなにやら悪いことばかりやっているような印象をお持ちかもしれませんが、実際のところはみんなつつましい生活をしているものなんです。家に帰れば女房に頼まれてスーパーの安売りコーナーで、大根を買ったりしてるんですね。

これは知り合いの秘書から聞いた話だけれど、あるとき奥さんと一緒にデパートに行き、「オール千円」と書かれた売場で品物を見ていたら、某大物代議士の秘書にバッタリ出くわしてしまったそうな。「こりゃまいったなあ」と思って「やあ、どうも」と挨拶をした後、スーッとその場を離れて、しばらくしてから元の場所に戻ったら、相手も同じ精神状態にあったらしく、またまた顔を合わせてしまったらしい。お互いになんともバツが悪く、結局、何も買えずに終わってしまったとか。

議員秘書なんて、しょせんはそんなものだから、セコイ話はいっぱいあります。

たとえば、ある秘書は陳情を絶対、夕方以降にしか受けない。そして、

「実は私がよく知っている店があるんで、そこでお話をうかがいましょうか……」

なんていって、陳情者を自分が入れ込んでいる女の子のいる店に連れて行く。当然、お勘定は相手払い。陳情がくるともう毎度これの繰り返し。

これで、先生までセコイとなんともせつない話になってしまう。

某閣僚経験者の事務所では、私設秘書の人数が増えると秘書全員がガックリする。というのは、この事務所では、公設秘書に支払われる給料も含めて、秘書全員に支払われる給料の総額が決まっているからだ。つまり、一人増えるごとに分子が変わらず分母が増え、自分の給料が減ってしまうのである。

こういう事務所の人間にかぎって、陳情に現われた業者から目の前にパッと人参をぶら下げられるとフラフラッ、ヨタヨタッとなってしまうわけですな。

秘書の命は短くて……

国会議員の手足となって動く議員秘書。だが、その定着率は意外に低い。かつて公設秘書の枠を二人から三人に増やす運動をしているとき、国会議員の有志が秘書の平均在職年数を調べたことがある。出てきた数字は四年から五年。ただしこれは公設秘書だけのデータで、私設秘書も加えれば、おそらく平均三年弱というところだろう。

ちょっと話はそれるが、国会に出入りする人間は、政治家、議員から衛視、速記者などさまざまだ。その人たちが国会や議員会館を通行するための証明となるのは、エリにつけるバッジである。これは衆・参全部で三十五種類もある。

国会議員は、みなさんもよくご存じの菊のバッジだ。そして秘書がつけるのは桜や菊のバッジである（昔は桜だけだった）。この桜や菊のバッジは選挙が行なわれるたびにデザインが変更される。お役所は秘書なんてものは、基本的に信用していないのかどうかは知らないが、悪用される危険性が高いというのがその理由らしい。

そこで私は、以前は地元から来た支援者のみなさんを国会見学に連れていったとき、最後にこのバッジの話で締めくくっていたものだ。

「みなさん、国会議員のバッジというのはご存じですよね。そう、菊がデザインされているものです。菊というのは長持ちします。国会議員の平均在職年数というのは、だいたい十年。ところで、秘書がつけるバッジというのは、ほら、私がしているこれ、桜がデザインされているんですね。議員秘書の平均在職年数はわずか三年程度。つまり桜のようにパッと散ってしまうわけです。せつないものですなあ。私はせめてバッジだけでもユリとかボタンのように長持ちする花ぐらいにしてほしいんですがね。ま、どの花も最後にはポトリと落ちてしまいますが……。じゃ、みなさん、ごきげんよう」

なんてね。

ちなみに、国会見学というのは秘書の大事な仕事の一つであり、またズッコケ話の宝庫でもあるので、少しく紹介しよう。

国会見学の定番といえば、まずは国会議事堂。ところがこの建物は恐ろしく広くて、慣れないうちは迷いやすい。

ある新米ホヤホヤの秘書の場合——。見学者を連れて歩いているうちに、自分がどこにいるのかわからなくなってしまった。衆議院の本会議場に行きたいのだが、ウロウロしているうちに参議院の隅に出てしまう始末。しかし、ここで「本会議場はどこですか?」なんて衛視に聞いた日には、この秘書はアホだと思われる。しかたがないので、あっちこっちと寄り道をし、心のなかでは衆議院への道筋を探しながら必死の思いで歩いているうち、偶然、本会議場にたどり着くことができ、なんとかことなきを得た。

すると後日、その新米秘書の先生のところに支持者から次のような文面の礼状が届いたそうだ。

「これまで私は何度か国会議事堂を見学しましたが、先生の秘書さんほど、国会をすみずみまで、しかも丁寧に案内してくれた人はおりません」

ところで、国会議事堂というのは昭和十一年十一月、総工費二千八百万円で完成したという。これは建築業者の団体を見学に連れていった秘書の話なのだが、やはり国会内を説明しながら歩いている最中、床のひび割れを見た見学者から「この床のひびはどうしてできたんでしょうか」という質問が出た。するとその秘書はすかさず、

「この地割れみたいな奴ですか? これは関東大震災のときにできたひび割れです」

「なるほど、そうですか。さすがに国会は古い建物ですなあ」

質問者は納得して帰っていったそうだが、関東大震災といえば大正十二年。国会議事堂ができているはずがない。実にいい加減な説明だが、こういう秘書はけっこういるんですな。

国会見学がひととおり終わると、最後に議員の先生が出てきて支援者に挨拶をするのは日常、よく見られる風景である。もっとも、これが地元の小学生、中学生であったりすると、先生の話なんてちっとも聞いていないし、先生のほうも有権者でないだけにいま一つ力が入らない。ところが、こういう場をも有効に使える先生を私は一人だけ知っている。その先生は次のように話を締めくくるのである。

「いいですか、みなさん。今日、家に帰ったらお父さんやお母さんに国会の様子をいろいろと教えてあげてください。そして、最後に国会議員の先生から話を聞いたと伝えてくださいね。話、はなし……、私は葉梨《はなし》といいます」

秘書はマジメ、誠実だけではつとまらない

一般の企業社会の場合、一年間のスケジュールはほぼ決まっている。棚卸しの日とか決算日などはほっといても毎年、同じときにやってくる。ところが永田町の場合、こういうことは百パーセントありえない。毎年、決まったスケジュールに基づいて動く政治家、秘書がいるとすれば、それはよほど無能でしかも行動範囲が狭い証拠だ。

逆に有能な政治家ほど、会合する団体が違い、会う人が異なる。政治家というのは、さまざまな人たちとの会合、面会の積み重ねで、世間の人とは違った人脈の幅を作っていくのである。

それだけに秘書というのは、普通の会社勤めの人のマジメさ、誠実さだけでは通じないところがある。臨機応変に機転がききすぎ、闊達《かったつ》な知恵が働きすぎ、ときに度がすぎるほど柔軟性に富んでいることが、議員秘書としての不可欠の条件なのである。

毎年、多くの新人秘書が永田町に入ってくるが、彼らに要求されるのは、まず第一にそうした頭の柔らかさである。いかに学歴が高かろうと、ご立派な政治理論をお持ちだろうと、それだけでは秘書としてまったく使いものにならないのだ。

一昔前、私が秘書になったころは、地方選出議員の新人秘書というと、まず先生と一緒に議員宿舎で生活をさせられたものだ。もう昔の書生気質《かたぎ》そのまま、先生や先輩秘書の靴磨きから始まって、何から何までやらされる。もちろん発言権はゼロ、自分の女房は実家に置きっぱなしで、それこそフルタイムで働かされたものだった。そして、先生から「お前、一人でアパートに住んでいいぞ」といわれて、「これでやっと自分も一人前だ」とホッとしたものである。

それに比べれば、いまはだいぶラクになっている。

が、それでも、秘書になった最初のうちはやはり緊張するもの。男の子も女の子も、パリッとした服を着て、いかにも「私は秘書です」という顔をして永田町を歩いているが、おそらくその胸の内はドキドキものなのだろう。それだけにズッコケ話も少なくない。

次に紹介するのは、「なまじっかな人間じゃ勤まらない」という恐ろしい定評のある、某事務所に勤めることになった新人秘書君のお話——。

その新人君、事務所勤めの最初の日に先生から、

「おい、ちょっと来い。お前、結婚式の祝電を、自分で考えて打ってみろ」

と命じられた。見どころがあるヤツと思われてのことだろうが、ご当人はいきなり大役をおおせつかって、頭の中が真っ白になってしまった。それでも必死に電文を考え、相手の住所と名前のメモを見て、電話電報を依頼したが、「心ここにあらざれば、見れども見えず」といった状態だったもので、こともあろうに弔電を打ってしまった。「お祝い申し上げます」というところを「お悔やみ申し上げます」とやってしまったのである。

電話を切ってハッと我に返り、自分の間違いに気がついた瞬間、その新人君は「ギャーッ」と叫んで脱兎《だっと》のごとく事務所から飛び出したまま、二度と永田町には戻ってこなかった……。

ま、この新人君の場合、緊張していただけに同情の余地もあるけれども、どうも最近の若者というのはなんだかよくわかりません。あれはいったいなんなんでしょうなあ。学歴は高いくせに驚くほど常識がないのがわんさかいます。

先日も、友人の秘書から、新人の呆れた話を聞きました。

新人秘書の仕事の一つはお茶をいれることである。なにしろ議員事務所というのは一日じゅう、来客が絶えないので、しょっちゅうお茶を出さなければならない。ようするにお茶汲

みだ。友人の事務所に入ってきた新人君も、秘書修業の第一歩としてお茶汲みから始めた。

ところで、緑茶というのは、急須にお湯を入れっぱなしにしておけば葉が開ききってしまう。が、その新人はいつもお湯を入れっぱなしだ。そこで友人が、

「いったんお茶をいれたら、よくお湯を切っておきなさい」

と注意しておいた。それから数日後、その友人、「どうも最近、あいつがいれるお茶は薄いな」と思って何気なく急須の蓋をあけてみたら、なんとお茶の葉がゴルフボールぐらいの大きさに丸められていた。「なんだ、こりゃ」と驚いて聞いてみると、

「はい、お湯を切れといわれたので、お茶をいれたあとは葉を手で丸めて水を切っていました」

と答えたとか。こんなお茶を飲まされたお客さんはいい迷惑ですよねえ。

なぜ新人秘書は交通事故を起こすのか？

新人秘書の失敗で多いのが、議員のクルマを運転していての交通事故だ。なにしろ後部座席に、自分の親父だって頭が上がらないような偉い先生を乗せるから、えらく緊張する。後ろから突然、何をいわれるか気が気じゃない。「突然、質問されたらどうしよう。先生の性格もよくわからないし……」などと考えだすと、もう頭の中はパニックで、まともに車外の状況をみられるような精神状態ではなくなる。それで、バックミラーで先生の顔色ばかりうかがっていたら、ガシャンと前のクルマに追突。これはよくある話だ。

この手の事故は、運転手になって一ヵ月以内というのが圧倒的に多い。新人秘書なのに、先生の乗るクルマを運転するぐらいだから、ドライビングが下手なわけじゃない。ところが事故の内容は中央分離帯に乗り上げたり、警察のクルマにぶつかったりと実にバラエティに富んでいる。

つい先日も、ベンツに乗っているある先生が、殴られて腫《は》れ上がったような顔をして議員会館を歩いていた。原因は事故。やはり新人秘書が運転していたらしい。ところが、その秘書のほうはエアバッグのおかげで無傷、後部座席に座っていた先生だけが、顔面打撲でアザだらけになってしまったのだ。これには、先生、

「なんで、後部座席にはエアバッグがないんだ！　二束三文の秘書なんてどうでもいいんだ。オレの体が大事なんだぞ‼」

と怒りまくったとか。

ところが、最初はドキドキだった若い秘書も、だんだん慣れてくると「オレは○○先生のクルマを運転しているんだ」という妙な自信が芽生えてくる。するとだんだん態度が大きくなってくるというのはよくあることだ。

ある日のこと、議員会館の駐車場で某有名代議士Ｉ先生の運転手をつとめていた若い秘書が、クルマを出す準備をしていた。すると突然、後部でバリッ、ゴリッと音がする。なにごとかと思って車外に飛び出してみると、隣りにいたクルマが出ようとして、Ｉ先生のクルマにぶつけてしまったのだ。これには若い秘書は怒り心頭。

「コラッ、何をやってんだ、貴様。このクルマを誰のだと思っているんだ。I先生のクルマだぞっ。どうしてくれるんだ。いったいどこのヤツだ」

とえらい剣幕で怒鳴り始めた。するとぶつけたクルマから降りてきた相手は、

「いやいやどうも本当にすいません。私は××の秘書のものでございます」

とペコペコ謝りはじめた。ところが、この人物も永田町ではちょっと名の聞こえた大物秘書だった。しかも、何かというとI先生の公設第一秘書の相談に乗ってやっていたのである。

そこへちょうどその第一秘書がやってきた。いったいなにごとかと思って見ると、自分のところの若造が、いつも世話になっているベテラン秘書に怒鳴り散らしている。これにはI先生の第一秘書はびっくり。

「すいません、うちの若いモンが何も知らずにご迷惑をかけて……」

「いやいや、申し訳ないのはこちらのほうです。もういま、すっかりこちらの方に叱られてしまいましてね。ホントにすみません。もう弁償しますから……」

「いやいやそれには及びません。(若い秘書を見て)オイ、この馬鹿。早く謝れ。もうこちらの方にはな、いつもお世話になってるんだっ。あっ、もうどんどんぶつけていただいて結構ですので、お先にクルマを出してくださいな」

「はあそうですか、それじゃお先に……」

この後、若い秘書はコッテリ第一秘書に絞られたとか。つまり、このベテラン秘書氏のほ

うが役者が一枚上だったんですな。ちょっと有名な先生の運転手になったぐらいで威張り散らしているうちはまだまだ若造。逆に老獪《ろうかい》な秘書というのは、実に手だれている。ま、これはどんな世界でも一緒でしょうけれどもね。

そうそう、このベテラン秘書氏にもクルマに関するズッコケ話があったので、紹介しておこう。

議員会館の車寄せを見ていると、秘書が議員をクルマに乗せる光景がよく見られる。まずドアを開けてやり、次に議員が乗り込むときに頭をぶつけても痛くないように自分の手をフェンダーにおく。無事に乗り終えたら、今度はクルマが走りすぎるまでお辞儀をするのである。

さてあるとき、件《くだん》のベテラン秘書は仲間の秘書から、

「お前さんは、代議士がクルマに乗るとき、ドアを開けたりしたことはないだろう」

といわれた。そこで、すかさず彼は、

「何をいってるんですか、私だってやるときはやりますよ」

と答えたとか。本当は一度もやったことがなかったらしいのだが……。

それから数日後、ちょうど彼は代議士を議員会館の前まで送っていく用事があった。そこで、「よし今日は一つ、先生をクルマに乗せてやろう」と思ったらしい。クルマが来ると、恭《うやうや》しくドアを開けて先生を乗り込ませ、ドアをバーンとしめた。とその瞬間、

「アイタタタ、痛い」

と悲鳴が上がった。なにごとかと思って見てみると、乗ったはずの先生の足がドアの隙間から出ているではないか。痛いはずだ。これには先生も激怒したらしい。

「キミ、ドアは足が入ってから閉めるもんだ。もう、慣れないことはせんでいい」

と雷を落とし、さしものベテラン秘書氏も、

「すいません、二度としません……」

といって小さくなったとか。

大臣の器量も秘書しだい？

政治家も大変だが、秘書も大変だ。自分の仕える議員が大臣になったからといって、筆頭秘書が必ず大臣秘書官になるわけではない。過去の大臣秘書官の経歴や大臣との関係を見るといい。ほとんどが大臣の身内なのだ。秘書の経験すらない身内や親戚が、会社を辞めて突然やってくる。『国会便覧』という本を見ると、大臣と大臣秘書官はほとんどが同じ名字だ。違っていても親族だったりする。

大臣秘書官は政務秘書官とも言われるが、これと事務秘書官は別モノ。大臣秘書官は内閣総理大臣が辞令を交付して就任するから重みがある。そこで、雇い人である秘書を大臣秘書官にするくらいなら、自分の息子にさせたほうがいいという気持ちが働くんでしょうな。

もちろん、そうすることによって、マイナスの要因が生まれる。たとえば、秘書のグループと議員との信頼関係が揺らぐことがある。それが原因で次の選挙で落選した議員は何人もいる。ある関東が地盤の大臣は娘を大臣秘書官にしたものだから、秘書が全員辞めてしまったくらいである。

五人の秘書がいるとしよう。かつては第一秘書、第二秘書、それに私設秘書となっていた。第一秘書が大臣秘書官になると、その間は第二秘書が第一秘書になれた。私設第一秘書が第二秘書に上がれた。大臣が終われば、ポストも給料もまた元に戻るが、大臣の時はみんなが一階級上がるから、みんなハッピー。親分の出世は本来みんながうれしいことなのだ。ところが、身内がやってきて大臣秘書官になってごらんなさい。階級はまったく変わらない。士気に大きく影響するのだ。そうなった時点で秘書たちは動かなくなるうえ、事務所の中では不協和音が生じる。秘書団がいくら議員をもり立て通そうと思っていたとしても、説明しても分からないような人が肩書だけで上に立てばうまくいくはずがない。

しかも、政治のイロハも知らない人が大臣秘書官になると、その相手をする役所も永田町も大変なことになる。たとえば、政策マターで役所が組むタイムスケジュールとは別に、政治家同士がアポを取る必要が生じた時などに、どうしていいか分からない。結局は大臣の自己満足だけで、その大臣自身は裸の王様になってしまう。

身内を大臣秘書官にするケースは昔から多い。ただ、そういうことをする議員はやはり伸びない。

このように大臣秘書官の起用を見るだけでも、その大臣の器がはっきり見えるのだ。にもかかわらず、身内を起用するのは、俺が大臣になったのだから俺の身内から起用して何が悪い、という気持ちがあるんでしょうな。

死ぬまで「元大臣秘書官」という肩書がつく。「元秘書」と「元秘書官」では大きく違う。勲章の度合いも違ってくる。もっとも、秘書の場合は死後でないともらえないんですが。

さて、役所のスケジュールを狂わせないようにするのが、基本中の基本。大臣が勝手な行動をしそうになれば、大臣秘書官が役所内の温度を察して、「大臣、まずいですよ」と言わなきゃならない。大臣と現場の橋渡しのできる大臣秘書官が来てくれると、役所は大変助かる。私自身はそういう役を務めたつもりなんです。

ここに大臣の息子が来ると、親子ワンセットだから、役所もものを言いにくい。当然である。身内を大臣秘書官に起用してはダメだというもう一つの理由がこれなのだ。

スケジュールを守るため、私は「政務秘書官打ち合せ」という用件を適宜入れておいた。大臣のプライベートな用事をはじめ、大臣がほかの議員と会ったり記者のインタビューに応じたりするのを、ここでこなす。

何か緊急の用事が入った場合、役所の日程を狂わせないために何をどうするか。大臣は分刻みで公務などが詰まっているが、例えば十五分の面会などを十分で切り上げてもらう。すると五分使える。それを二つ切り上げてもらえば十分使える。うまくやれば、時間をつくりだすことができるのだ。

まさしく腕の見せどころ。身内というだけで、大臣秘書官になった素人では、とてもできない。

もう一つ時間のつくり方がある。正午から午後一時の昼食時間のうち十五分を食事タイムにして、残りの四十五分を使うのだ。また、ひどい時は移動する車の中でパンを食べてもらうこともある。「今日はかわいそうだけど十五分で食べて」とか「どこでもいいからパンでも食べて」など、事務次官でさえ大臣に対していえるはずがない。それがいえるのは大臣秘書官だけといっていいんです。

ノイローゼ秘書官

初めて大臣秘書官になると、分からないことだらけだ。

実は、厚生省で大臣秘書官の机に座った第一号が私なのである。私より前の歴代の大臣秘書官は、役所にいなかった。なぜか。

自分の机に座っていられる雰囲気ではないのだ。大臣秘書官でありながら議員会館に戻ってしまう人が、今でもけっこう多い。

秘書官室にいる人間は、大臣秘書官だけが外様《とざま》だ。スタッフは、どうしても役所出身の事務秘書官のフォローアップにしか目が行かない。とくに事務秘書官は一代一人でもあるうえ、事務秘書官をフォローアップをしつづけないと大臣のミスを誘発し、結果的に国会などに影響を及ぼす危険がある。それだけに事務秘書官を支えることに神経を集中させてしまうようだ。

私が初めて行った時、大臣秘書官用の机の引き出しはすでに全部空になっていた。「ここをどうぞお使いください。電話はこうです」などと説明を受けて初日が始まった。鉛筆や消しゴム、ホッチキス、メモ用紙など文房具一式がすべてそろっている。名刺まで入っている。これはありがたいと思って、座る。座ったものの、スタッフの誰が何だかまったく分からない。

部屋には通常、事務・政務秘書官と大臣付、スケジュール担当、女性二人のほか、運転手二人とSP二人で、スタッフは計十人になる。運転手以外はみんな机がある。

国会の情報などいろいろな資料が来る。ところが、女性スタッフがそれを配付する際、私の机を飛ばすのだ。大臣秘書官を抜かして裏返しにした資料を渡す。「ああ、私を飛び越える資料なのかな」と思うのだが、よく見ているとすべての資料が私を飛び越えている。「なんで私にくれないのだ」と、総務課長と会計課長に怒ったところ、相手が驚いている。これまでの政務秘書官はほとんどいなかったし、そもそも役所に来なかったというのだ。肩書だけがあるという感じで役所は受け止めていたらしい。朝から夕方まで座ってるのは私が初めてらしいのだ。

こうしたことから慣例的に大臣秘書官の机には資料を置かなかったようだ。紙の無駄を防ぐためにか、官房のほうから来た資料の部数は私の分を除いた枚数しかないのだから、どうしても私を飛び越える。もともと配る勘定に入っていないのだから仕方ない。「私は毎日座っていますから一部増やしてください」と頼んだ。

その翌日から資料がどんどん来るようになった。ところが読んでみると、私からすると全く無意味な国会資料ばかりだった。例えば、委員会や本会議の日程などの類や新聞切り抜きといったもの。私はほっとした。

人間というものは、裏返しになった資料が自分の前を飛び越えると、村八分にあっているような気持ちになって落ち着かない。こんな心理状態では、普通の神経の人は座っていられない。

ノイローゼになってしまっても仕方がないほどだ。就任後十五日ぐらいで「もう二度と行きたくない」と言って、先輩が大臣秘書官を辞めて後輩に交代したケースもあるくらいだ。

そんなせいもあるだろう、内閣改造があると、総理秘書官がすべての大臣秘書官を招待していた。お座敷に呼ばれ、「みなさん方にこの内閣はかかっている。大臣を守ってください。また何かあった時はお呼び立てする場合もありますけれども、とにかくご就任おめでとうございます。よろしくお願いしたい」と頭を下げられ、お菓子などのお土産をもらって帰るのである。

もちろん秘書官は内心みんな緊張している。先に述べたようなことを秘書官室で経験し始めたばかりだから、島流しされたような気分になったり、村八分されているのではないかと疑ってみたりでノイローゼ一歩手前の状態だ。「人は秘書官とおだててくれるが、僕は何も分からないんだ」と叫びたいのだが、叫ぶわけにはいかない。みんなそれぞれが「俺は大臣秘書官になった」と胸を張りつつも、実は不安で仕方ない。……というような二十人くらいが集まるわけである。同じ悩みを持つ同士だと思うと、ホッとしていろいろ探りを入れる。

奇妙奇天烈な宴会だ。お互いの目を見て、名刺を交換して、「よろしく」「よろしく」と言葉を交わしながらも、相手を品定めし、どうも俺はこいつよりも駄目かもしれないと落ち込んだりする。

そんな場に、大臣秘書官の経験が二、三回目だという人がいると、みんなの神様だ。「おたくはビールやお酒、配りました?」など、真っ先に役所への挨拶をどうしたかという質問が出る。そして、「お金がかかるって聞いていますが、役所にはいくらぐらい渡すんですか」といった非常に身近な質問が少なくない。

大臣室には来客が多いので、お茶菓子などの購入費を事前に役所に渡しておく。世間の人は驚くかもしれないが、大臣室のお茶菓子の予算はない。予算があるのは外務省と官邸だけで、それ以外は大臣の持ち出しだ。お茶もコーヒーも弁当も文房具代も花の飾りつけも、すべて自腹を切る。自腹でないのは公務で使う車だけなのだ。

先輩格のアドバイスは多岐にわたる。秘書官車を出してくれない役所もあるが、「おたく、どうやって来たの」「タクシーで来ました」「どうして。ハイヤーでも何でも出してもらえばいいじゃない」「ハア？」というふうに、車の使い方も伝授される。

もっとも、あまりにも素人丸出しの質問をしてバカにされるのは嫌だなという心理も働く。年の差もある。秘書歴も違う。派閥も違う。結果としてギクシャクした会合になる。万一同じ派閥であっても、お互いに相手を全然知らなかったというのも嫌なものだし、今日の味方が明日の敵になるかもしれないから、それはもうぎこちない宴会にならざるを得ない。歌もない。「いやあ、ははは」という笑い声くらいは出るが、中身は何もない静かな食事の場なのだ。

ましてや、第一秘書や政策秘書から大臣秘書官になった人と、身内からなった人とでは全然かみ合わない。だから身内出身の人は黙って座っている。たまに「陳情なんかあったら頼みます」とか「何かあったら言ってください」という言葉が出るくらいだ。その時は元気がいいのだが、話し終わる途端にじーっとして動きがなくなり、一言も言わなくなる。

ところが、橋本首相の時はこの集まりをしなかった。途中で気がついて、銀座の居酒屋に呼んだが、全員そろわなかった。総理秘書官が役人出身だから、やはり政が分からなかったのだろう。

さてその一方で、事務秘書官は同期会にも似た秘書官会議という集まりがある。各省庁ともほぼ同じ年次だから、密に連絡を取り合っておくほうがあとあと何かと都合がいい。それに比べると、大臣秘書官の集まりは本当にぎこちないのである。

下手な秘書よりも議員のプライバシーを知っているのは?

政治家にとって、ときに秘書以上に重要な存在となるのがクルマの運転手である。したがって、前述したように若い秘書が運転手をしている場合もあるが、そうではなく、ベテランの運転手さんを別に雇っている先生も数多い。

というのは、派閥の会合から人によっては愛人との密会まで、先生が、いつ、どこで、誰に会ったかという秘密を知っているのは彼らしかいないからだ。ましてや自動車電話が普及している昨今、先生が話している重大な秘密事項がイヤでも耳に入ってくる。おのずと運転手は、下手な秘書よりも政治家のプライバシーを知ることになる。

したがって、永田町の運転手はただクルマを転がしていればいいというわけでない。余計なことは一切、喋らないようにしっかり口を閉ざしていなければならないのである。

それだけに運転手にかかるプレッシャーは相当に厳しいものがある。たとえばロッキード事件当時、故・田中角栄《たなかかくえい》元総理の運転手だった故・笠原政則《かさはらまさのり》氏は、検察から事情聴取を受け、「ピーナッツ」（つまり現金）の入ったダンボール箱を運んだことを喋ってしまい自殺した。

このとき、逮捕された田中元総理は、釈放後に笠原氏の自宅へ行き、家族に土下座をしてお詫びしたあとお焼香をしたそうだ。しかも、それから親身になって遺族の面倒をみたという。

ところで、この元総理に命をかけて尽くした笠原運転手の当時の月給は十七万円ほどだったらしい。これはいまから二十年以上前の話だが、それでも決して多い額ではない。つまり、あれほど日本全国に花咲か爺さんぶりを発揮して、大盤振舞いを連発していた角栄先生も、プライベートの運転手さんに対しては思いのほかシブかったということになる。

この噂が永田町に流れたとき、あわせて話題になったのがある先生の運転手さんの月給で、こちらは月に四十万円ぐらいだったとか。これは先生がオーナーとして君臨していた会社の重役なみの額だったというからすごい。

「なるほど、これだけもらってたら、運転手が何かの拍子に捕まっても心配することはないだろうな」

と、永田町雀を唸らせたものである。

嗚呼《ああ》、運転手は泣いている

前項に引き続き、議員と運転手にまつわる話をしよう。まずはセコイ話。

参議院議員のJ先生は自分のクルマにはつねに二十リッターしかガソリンを入れさせない。つまりケチなのだ。しかも、一日の終わりには必ず自分でメーターを確認し、数字を控え、翌朝迎えに来たときに、またメーターを確認するという。運転手が少しでも寄り道をして余分に走っていないか、チェックするわけである。ちなみにこの先生、たまに若い秘書を誘って食事に行っても必ず割り勘にするという。連れていってもらったほうは、てっきりおごってくれるのかと思っていたら、いざ勘定の段になって、

「おい、お前はいくらだ。オレの分はここに置いておくぞ」

といい残して、さっさと店を出ていってしまうんですって。なんてケチなんでしょうね。

ある中堅議員のU先生の場合は、年がら年中、運転手が変わってしまう。というのはこの先生、とにかく短気で怒りっぽく、運転手の扱いがメチャクチャなのだ。ところが先生自身もそのことはよく承知しているらしく、新しい運転手さんを採用するにあたっては、事前に必ずこういっておくらしい。

「いいかキミ、オレは気が短いから、すぐひどいことをいう。しかしな、オレのいうことなんぞ絶対に気にしないでくれ。絶対だぞ。右から左へ聞き流してくれよ。それでよかったらオレの運転手になってくれ」

「ハイ、わかりました。先生、どうかよろしくお願いします」

「そうか、じゃあくれぐれも頼むぞ。いいか、右から左だぞ」

と、ここまではいいのだが、つい先日もなったばかりの運転手がわずか二週間でやめてしまったそうだ。

事前に話は聞いていたとはいえ、なにせU先生、少しでも気に食わないことがあると、クルマのなかで「この野郎、バカ、マヌケ」とわめきたて、なんの関係もない運転手をクソミソにののしる。いくら右耳の穴から左耳へ通り抜けさせようと思っても、罵詈雑言《ばりぞうごん》の量があまりにも多すぎて、どんどん耳の中に溜《た》まってしまう。かくして二週間でプッツンとなったわけだ。

もっとひどいのが重要閣僚の経験もあるN先生。なにしろ、外面《そとづら》は最高だけど内面《うちづら》は最悪だとか。

この先生が乗っているクルマ（ドイツ製のあのでかいやつですよ）には、ほかにない特徴がある。ふつう、クルマというものは床が汚れるものだが、N先生のクルマは、運転席の背もたれの裏側に、靴のあとがたくさんついているのだ。なぜかというと先生が背もたれをやたら蹴とばすからである。つまり腹を立てるたびに、「この野郎、こん畜生」と、運転手さんの背中をキックするのだ。

加えて自動車電話の受話器をハンマーがわりにして、運転手さんの頭を四六時中、ポコポコ叩く。ほら、受話器というのは耳をあてるところとしゃべるところが飛びだしているでしょう。しかも、持つところは内側にくぼんでいる。なんでも、この形がちょうど頭にピッタリ合って、叩くとポコンといい音がするらしい。

これじゃあたまったもんじゃないですな。これでよくも運転手さんは事故を起こさないものだ。

閣僚経験のあるP先生の場合、やはり運転手さんに逃げられ、それじゃ、とばかりに自分で運転して永田町に出勤してきた。ところがふだん、運転なんてしたことがないから車庫入れができない。困ってしまったP先生は、そばで見ていたほかの事務所の運転手さんに、代わりに車庫入れをしてもらったものだった。

ちなみに、こういう噂は永田町ではパッと広まります。

あるいは、もう亡くなってしまったK先生。閣僚時代には土曜、日曜のプライベートな用事、ゴルフでも、かまわず公用車に乗っていた。理由は、

「事故を起こしたときに、ワシが払わなくてもいいからな」

こういいながらK先生、一方通行の標識なんぞ無視してどんどん入って行けと命じて、運転手さんが躊躇《ちゅうちょ》していると怒りまくったそうだ。

このように、運転手さんに接する態度を見ているだけでも、政治家の人柄が浮かび上がってくるのだが、それだけに一般には、政治家は運転手さんにとても気をつかう。したがって、運転手さんというのは下手な秘書よりも、ずっと長くおつとめが続くというケースも多く、国会議員の運転手さんで組織された運転手会には、永年にわたって勤続している永田町の主《ぬし》のような運転手さんがいまでも大勢いる。自民党単独政権時代には、組閣の時期になると国会の運転手控え室に、大臣になった先生、政務次官になった先生から日本酒がどさりと届けられ、「〇〇先生から十本」などという紙の札が張り出されたものである。

これは大臣や政務次官に就任した議員の秘書の重要な仕事の一つで、大臣だと十本、政務次官だと五本が相場だった。それを知らずに何も持っていかないでいると、永田町じゅうに「あそこの先生はケチだ」という噂があっという間に広まったものである。

政治家はとかく忘れっぽい

たとえ運転手の背中を蹴飛ばしても、秘書をメチャクチャに怒鳴りつけても、政治家というのは支持者の前ではあくまで調子がよく、愛想のよろしい動物である。ただし、とかく忘れっぽいのが玉に瑕《きず》だ。

あるとき、議員会館のロビーを歩いていたR先生、向こうからやって来た人物が、自分に向かってお辞儀をしたように見えた。実は、その人がお辞儀をした相手はR先生の後ろにいたのであったが、先生はてっきり自分の支持者だと勘違い。

「おお、やあ、しばらくだねキミ」

とお辞儀をしてきた人物に向かって、手を差し出し、握手を求めたのである。こうなると相手のほうも、「私が挨拶をしたのは先生じゃないんです」とはいえない。だいいち、R先

生に恥をかかせてしまうと思い、

「いや、先生、お元気ですか？」

などと適当に調子を合わせ、手を差し出したのである。するとR先生、握手の手を何度も強く握って、

「いやいや、そうなんだ。キミ、今度、ぜひ寄ってくれたまえ」

と、さも相手を知ってでもいるかのように、嬉しそうにいうではないか。一度も会ったことがないのに……。

「先生、それじゃ名刺を」

「キミ、何をいってるんだ、失礼な」

「いや、ですから私の名刺を先生に」

「馬鹿なことをいうなよ、キミのことなら知ってるよ」

「あっ、そうでしたか」

「何をいってるんだ。キミのことを忘れるワケがないだろう。そうか、いま、どうなんだ」

このように、いっさい具体的なことに言及せず、結局、R先生は、

「キミ、本当に今度また、ぜひ寄ってくれたまえよ」

といい残してエレベーターに乗ったのである。そして、ドアが閉まった瞬間、隣りにいた秘書に向かって、

「おい、いまのあれ、誰だ?」

「いや、知りません。先生はご存じなんじゃないですか?」

「知るわけないだろ! このバカモノが!!」

気の毒なのは秘書で、何も悪いことをしてないのに、先生からゲンコツ一個を頂戴するハメになったのだった。

しかし、こんな先生が特別なわけではない。国会見学にやって来た、自分の支持者とはまったく関係のない団体の前で一席ぶったのがT先生だ。

国会見学はたいていの場合、最後は食堂で食事をすることになっており、秘書が前もって食堂の席を予約している。

さてある日、T先生の支持者団体が国会見学にやって来たのだが、食堂に着く時間が大幅に遅れてしまった。すると運悪く、食堂の係のほうは、予約が入っていた時間にやって来た別の団体をT先生の支持者と勘違いし、予約席に入れてしまった。

さて、そういう事情を知らないT先生、ちょうど支持者が食堂に入るころを見計らって登場し、まったく知らない団体の前で国会報告をえんえんとしたあげく、

「みなさん、今後ともご支援よろしくお願いします」

と頭を下げて帰っていってしまった。T先生とはまったく関係のない団体の面々は、なんだかわけがわからないが、とにかく出てきた食事を食べて帰途についた。

と、そのとき、T先生の支持者を案内してきた秘書が食堂に到着。ところがあるはずの席がない、いるはずの先生はいない、用意してあるはずの食事もない。真っ青になった秘書はあわてて席を用意し、食事の注文をし、先生を呼びにいったのだった。

もちろん、この一件で秘書がT先生から怒鳴り散らされたことはいうまでもない。本当に悪いのは、自分の支持者の顔をロクに覚えていなかったT先生だというのにねえ。

永田町にはこういう先生は少なくありません。

ちょっと前のことだが、さる省庁の政務次官になったC先生のところへ、さっそく、後援会長がお祝いに駆けつけた。この後援会長さん、

「オラがセンセが政務次官になったから、みんなに紹介してやるわい」

ということで、自分の知り合いをたくさん引き連れて、意気揚々と政務次官室に入っていった。ところが……。C先生、部屋に入ってきたお客さんに名刺を配り始めたまではよかったものの、あろうことか後援会長にまで名刺を渡してしまった。これで会長の面子《メンツ》は丸潰れ。怒って政務次官室のドアをバーンと閉めて出ていって、結局、後援会長も辞めてしまった。そしてC先生は、次の選挙であえなく落選してしまったのであった。

まあ、自分のところの後援会長の顔を忘れちゃったんだから、自業自得ですな。

「省エネルックなんて着るバカがいるか」

忘れっぽいといえば、大平《おおひら》内閣時代に大臣をつとめたF先生の話も面白い。

読者のみなさんは、「省エネルック」なるものをご記憶だろうか。ちょうど日本が第二次オイルショックに見舞われたときに発案された、サファリルックのような妙チクリンな半袖上着である。これは当時、国民に省エネを説くために当時の通産省主導で考案されたもので、大平首相をはじめ多くの閣僚が着用に及んだ。当然、F先生も率先して着ていたことはいうまでもない。

当時、永田町では、口の悪い連中が、

「この省エネルックを仕立てるエネルギーと、省エネルックによる省エネ効果と、どちらが大きいんだろう」

と陰口を叩いていた。なにしろこの省エネルックというヤツ、値段が高い。「ちょっとばかりの電気代を倹約するために、なんでこんな馬鹿馬鹿しいものを買わなくちゃならないんだ」というわけである。

が、なんといっても大平首相自らが国民に呼びかけたわけだから、自民党としてもなんとかしなくてはいけない。そこである日のこと、仕立て業者を自民党本部に呼んで、省エネルック・フェアが行なわれたのである。自民党員たるもの、率先して省エネルックを愛用しようではないかというわけだ。

こうなるとF先生の秘書は、好きとか嫌いなんていっておられない。なにしろ「オヤジ」が着ているのだから、自分が着ないというわけにはいかないのだ。もう先頭に立って、省エネルックを着て、肘から下を剝き出しにするしかない。

が、給料の少ない秘書にとっては、服をオーダーで作るのは大変なことである。給料が十万円そこそこというときに、この省エネルックというやつは、一着三万円から五万円したんですからね。一ヵ月の給料の半分がすっ飛んでしまう計算になる。

それでもなんでもオヤジのため、ということで、F先生の秘書は、もう清水《きよみず》の舞台《ぶたい》から飛び降りるような気持ちで二着も注文したのであった。しかし、いざ服が仕立て上がっても、夏の間しか着られない。結局、秋以降はタンスの中にしまわれることになる。

そうこうしているうちに、F先生は内閣改造で大臣を辞めてしまった。

明けて次の年の夏、ある暑い日に、秘書氏は「そうだ、今日こそは省エネルック日和だわい」と思いつき、タンスの中からナフタリン臭い省エネルックを引っぱり出し、これを着用に及んでF先生を自宅に迎えに行った。

するとクルマに乗り込んできたF先生、秘書を見たとたん、

「なんだ、そのみっともない服は？」

と怒りだした。

「先生、これは先生が大臣のときに発表した省エネルックです」

「なんだ、省エネルックって？」

「いや、ですから、これです」

「馬鹿野郎、なんだか知らないが、そんなみっともない服を着るヤツがあるか!!　もう二度とオレの前でそんなものを着るんじゃないぞ、いいか」

と、一喝されてしまったのである。

これには秘書仲間が同情すること、同情すること。なにしろ「清水の舞台」で二着もつくってしまったものだから、あとは着るものなんてありゃしない。買う金もない。あんまり可哀相だから、みんなでお金を出し合って、夏の背広を一着つくってあげようかという話まで

出たぐらいです。

ま、その秘書氏も苦難を乗り越えて、いまは地方の県会議員をしています。

また、大臣経験もあり、永田町でも立派な議員と評判のO先生の場合は、すぐに運転手の給料日を忘れてしまう。そこで運転手氏が、

「先生、今日は私の給料日なんですが……」

というと、

「おお、そうだったか。えーと、いくら払ってたんだっけな？」

毎月、こんな会話の後、O先生はあわてて財布からお金を出して、運転手さんに給料を払うそうだ。政界きっての紳士といわれる先生でさえ、こんな調子なのである。

解散風が吹いて、いちばん慌てるのは食堂のおじさんとおばさん

話はガラッと変わるが、永田町では、俗に「解散風が吹く」といわれることがある。読者のみなさんも新聞の政治面を読んでいると、ときたまお目にかかるフレーズではないでしょうか。

政権が不安定になってきたりすると、何かの拍子にこの風がパッと吹きだすことがある。こうなると議員の先生は気もそぞろ、国会なんかそっちのけ、理由を見つけては地元に帰って選挙準備にいそしむことになる。するとさらにこの風は強まり、結果、解散となるときもある。

ところで、この解散風が吹いたとき、「こりゃいかん、大変だ」と慌てるのは衆議院議員の先生ばかりではない。実は永田町にはもっと血相を変える人たちがいるのである。

それは誰か――。実は議員会館の地下にある食堂のおじさんやおばさんである。

永田町にある三つの議員会館は、すべて地下に食堂や売店がある。この食堂は議員席と一般席とに分かれている以外はごく普通のどこにでもある食堂だ。

ただ、一般入館者は食券を購入しなければならないのだが、議員事務所の関係者はツケがきくんですね。したがって食事をしてもお金を払わず、ツケがたまっている先生がけっこういるのだ。

さて、すでに述べたように、一回選挙が行なわれると、三分の一の先生は再び永田町に戻ってはこない。つまりここで、落選してしまった先生のなかに、ツケを払わないで永田町から消えていってしまう人が出てくるわけだ。

なにせ消えてしまったら最後、回収はできない。そこで、食堂のおじさんおばさんたちは、解散風が吹き始めると、とたんにツケをためている先生の部屋を回り、未払い分の回収につとめることになる。

ところが、敵もさるもの。なにしろ選挙が目前に迫っていて、余分に出せるお金なんかビタ一文もない。そこで、あーだこーだとグズグズ理屈をつけて、支払いを先延ばししようとする。

「いや、おじさん。いまちょうどお金がないんだけど、選挙が終わったら必ず払うから……」

とかなんとかいうのである。

ところが、こういう先生にかぎって、永田町に戻ってくることができないんですなあ。

ま、どこの世界でも似たようなものでしょうが……。

せっせと地元に帰っているのに落選してしまうこともある

選挙区は政治家にとって命の次に大切なもの。したがって、誰もが知っているような大物政治家ならいざ知らず、多くの陣笠代議士は地元の人々に顔を忘れられぬよう、せっせとお国入りに精を出す。金曜日に地元に帰り次の火曜日に永田町に戻ってくる、いわゆる「金帰火来」というヤツだ。

が、金帰火来さえしていれば選挙は安泰かというと、そういうものでもない。面白いもので、なかにはせっせと選挙区に帰っていたのに、落選してしまう政治家もいるのである。なにも地元に顔を出しさえすれば支持が増えるわけではないのだ。要は永田町と選挙区のバランスが大事なのである。なにしろ代議士たる者、永田町で国政に邁進《まいしん》するのが国家国民のためですからね。

将来伸びる政治家は、たいていこのバランス感覚に優れている。

年がら年じゅう、自分の選挙区に帰っている政治家というのは、国会の出席率が悪くなるから、どうしても委員会のポストにしても、いいのが回ってこない。いつも余っている不人気ポストが回されて、しかもそれがコロコロ変わることになる。それでも事情を知らない有権者は、

「オラがセンセは、いろんな委員会に所属してて大したもんじゃ」

と思ってしまうが、これでは自分の専門分野をつくることができない。いわゆる「族」議員にもなれないのである。といって一つの委員会でずっと頑張り通すと、重要な法案の審議のときなどに選挙区に帰れない。政局が重大な局面を迎えたとき、こんなことではやはりまずい。

というわけで、選挙区が心配でお国入りばかりしている人は国会がおろそかになり、といって国会ばかりで選挙区に帰らない人は票が出ないので落選してしまう。ここは要領よく、永田町と選挙区の両方に顔が立つよう、うまく立ち回らなければならない。

それには、地元にいい秘書を持つことがなによりである。信頼できる秘書を地元に置いておけば、先生はそうそう帰る必要はないし、支援者も「あの秘書にいっておけば、ちゃんと

先生に話は伝わるな」と信用できるから、陳情が滞《とどこお》ることもない。

ところが、地元にしょっちゅう先生が顔を出していると、せっかく有能で伸びる素質のある秘書がいてもなかなか育たない。当然、秘書を信用できなくなる→ますます地元に帰る、ということになる。

支援者にしてみれば、先生が帰ってくるのがわかっているなら、秘書より本人に会いたいに決まっている。となると支援者が地元の事務所に押しかけてくる。先生としては地元をいろいろ歩き回りたいのに、事務所に貼りつかねばならず動けない。すると、支援者の陳情、意見を聞くだけで、三日間があっという間に過ぎてしまい、地元の団体の大会にも出られないし、有力な支援者の家にも行けなくなる。しかも、陳情に行けない人は、

「なんだ。あの先生は選挙区に帰ってきても、事務所にふんぞり返っているだけじゃねえか」

と、陰口を叩く。これではいけないと、金帰火来を一日延ばして「水来」にすると、東京にいる時間が短くなり、その結果、委員会のポストが減るというふうに、どんどん悪循環に陥ってしまうのである。

また金帰火来の先生のなかに、ときに村会議員しか行かないような辺鄙《へんぴ》な場所での集会にまでマメに顔を出す人がいるが、こんなことをしても票は出ない。かえってマイナスだ。というのは、ここまでやられると、先生を見慣れてしまって「国会議員」というありがたみが

薄れてしまうのである。たまにしか来ない先生が、ある日、道路の開通式に来てくれると、

「ああ、あのセンセは忙しいのに地元のために来てくれたんだな」

と思うのが有権者なのだ。

P先生などはその典型だ。この先生はどちらかといえば、あまり選挙区に帰らず、永田町で仕事をしているタイプだった。それでも選挙がそこそこ強かったのは、先生が帰ってこないことでかえって危機感が高まり、それが票をまとめる力につながっていたからだ。

ところが、ある時の選挙では政界再編成の嵐が吹いていたため、この先生もさすがに地元に一生懸命帰って各地を遊説した。その結果、選挙対策事務所に、

「今回はこれだけセンセも頑張ってくれているから、大丈夫だべ」

という安心感が流れてしまい、蓋を開けてみたらあえなく落選してしまったのである。

まっこと、選挙というのは難しいもんです。

オラが先生が大臣になれるかは、地元の警察署が知っている

選挙が終わり、無事、国会での首班指名も終わると、次の興味はいよいよ組閣人事だ。この時期、各都道府県の有力代議士の後援者たちは、「オラが先生」が大臣になるか、ならないかに耳目を集中することになる。それによって地元に転がり込む御利益《ごりやく》も大きく違ってくるのだから、当たり前といえば当たり前ではあるが——。

さて、この誰もが注目する組閣人事の中身は、首相官邸内に設置される組閣本部の面々以外は知る由もないはずだが、かつては地元の警察署にパイプがあれば、「オラがセンセが大臣にノミネートされているかどうか」をある程度キャッチすることはできた。それはおおよ

そのような経緯による。

組閣の場合、まずは閣僚ポストの二、三倍の候補者がノミネートされ、リストが作成される。すると、次にこのリストに載った政治家名が、首相から警察庁を介してそれぞれの先生方の地元の県警本部に伝わる。すると各県警本部の捜査二課では、該当する先生の個人情報のレポートを作成して官邸に提出しなければならなかったのである。

これを永田町では「健康診断」と呼んでいた。

この慣習はなぜか宮沢《みやざわ》内閣のころからなくなったような感じだが、かつては組閣というと、密《ひそ》かに、かつすみやかに、この健康診断が行なわれたものであった。

健康診断は、いってみれば公費で行なわれる身辺調査である。

総理大臣にしてみれば、せっかく首班に指名されて組閣する以上、誰だって短命内閣では終わりたくない。そのためには閣僚候補をしっかりと品さだめしておく必要がある。そこで、その人物に近い将来、金銭問題、女性問題等の社会的スキャンダルが起きる可能性はないか、あるいは選挙の直後だったら、極端な選挙違反をやっていないかといった問題点を徹底的に探っておくというわけだ。そして、危なっかしいと判明した政治家は、その時点で候補者リストから外されるのである。

もちろん、この調査は極秘に行なわれるが、警察にパイプのある議員だと、

「いやあ、中央から指示があって、おたくの先生の後援会の組織を調べなければならないか

ら、ちょっと教えてよ」

などという形で、それとなく警察から情報が漏れてくる。すると秘書のほうは「あ、うちのオヤジはほんとうに候補者になっているんだナ」とわかるわけである。

この「健康診断」に泣いた政治家はけっこう多い。

たとえばN先生の場合、組閣本部で名前が出て、あとは首相官邸に呼びこまれるだけとなった。ところが、そのギリギリの段階で「明日、N代議士系の市会議員二十一名を逮捕」というメモを警察庁出身の秘書官が首相に手渡した。その瞬間、N先生の名前は組閣名簿から消えてしまった。実際、翌日になるとN先生系の市会議員に大量の逮捕者が出たというニュースが世の中を騒がせたのである。

ま、この先生の場合、後に主要閣僚を務められるまでになられたからよかったですがね。

オラが先生が大臣になれるかどうかを知る手はほかにもある。

かなり確率の高いのは、先生の家の前に地元警察の警備担当者が、巻尺を持って現われたときだ。こうなったら、これはもう大臣間違いなしと思っていい。つまり、彼らは大臣宅を警備するための臨時のポリスボックスを設置するために、寸法を計ったからである。そして、テレビで官房長官から閣僚名簿が発表されるのと同時にポリスボックスを設置し、新大臣宅の警備を始めるのだ。

ずいぶん手回しのいい話だが、このポリスボックスは撤去されるのも早い。

大臣を辞任したとか、罷免《ひめん》されたという情報が入ると、これまたその日のうちにポリスボックスは撤去されてしまう。なにしろ国家予算のなかでも、警察予算というのはカツカツで余裕がない。したがって、県内で新たな大臣が誕生した場合、空いたポリスボックスはすぐに活用しなければならないのだ。というわけで、すぐに持っていってしまうのである。

しかし、これも考えてみればずいぶん薄情な気もしますな。

何もそう慌てずに二、三日ぐらい置いといてあげてもいいのにねえ……。

第2章

選挙は日本でできる唯一の戦争だ

壮絶な選挙戦は、出陣式の前から始まっている

選挙――。それは「タダの人」が国会議員になるために、避けることのできない登竜門だ。そしてわれわれ秘書が議員秘書になれるかどうかも、そのすべては選挙結果にかかっている。という訳で、選挙の話をいたしましょう。

選挙のスタートは、まず選挙管理委員会でクジを引くことから始まる。選挙が公示されると、街角には1番、2番、3番……と、ペンキでポスターを貼る枠と番号が書かれたベニヤ板の掲示板が立てられるが、この番号は候補者それぞれに割り振られ、自分の番号以外のところに勝手にポスターを貼るわけにはいかない。番号はクジ引きで決めるのである。そこ

で、各都道府県の選管に全候補者の担当者が集まり、法律に基づいた手続きにのっとって粛々とクジを引くのだ。

番号決めはきわめて重要である。なぜならこれが決まらないうちはポスターも貼れないし、チラシも配れない、宣伝カーも走らせられない、有権者へハガキも送れない。つまり選挙運動がスタートできないのだ。

というのは、有権者に送るハガキ、法定ビラに貼らなければならない証紙、選挙カーや選挙事務所に掲げなければならないプレート、看板の類い、候補者と運動員の腕章、無料パスの証明書（選挙区内では候補者の電車賃、バス賃などは公費で無料になる）など、これら「選挙の七つ道具」と呼ばれるツールは、すべてクジの番号入りのものを選挙管理委員会から借り受けなければならないからである。

それ以外のものを使用すると、当然のことながら、公職選挙法違反で御用だ。

さて、そのクジ引きだが、まずクジ引きの順番を決めるための予備クジを引く。続いてその順番どおりに本クジを引いて番号を決める。番号が決まったら、もう戦争だ。

ちょっと前までは、クジ引きの会場に伝令が待っていて、番号が決まるとハジけたように「5番、5番」などと怒鳴りながら、公衆電話の前で待機している電話番のところに飛び出していく。すると待っていた電話番は、事務所の選挙対策責任者に「5番に決まりました」と伝えたものだ。

この電話にしても、選管のある県庁内などは公衆電話の数が少ないから、熾烈《しれつ》な奪い合いが行なわれたものである。電話が空くのをもたもた待っていたら、ライバル陣営にどんどん先をいかれてしまう。そこで私なんぞは、数少ない電話に電話番をはりつけ、一時間も前から十円玉を入れて事務所につなぎっぱなしにしてしまい、他の事務所の連絡係が来ても、絶対に電話を切らないという作戦をとったりもした。

ま、いまでは携帯電話が普及したのと、小選挙区制度になったので、そんなケチな作戦は必要なくなりましたがね。

さて、電話番から選挙事務所にクジの番号が入ると、今度は事務所から選挙区内に散っている掲示板のポスター貼り担当の支持者のところに、いっせいに「5番」という電話を入れる。すると彼らは「よーい、ドン」とばかりに、掲示板の5番の場所にバババーッとポスターを貼ってくれるのである。

ポスターは、とにもかくにも他陣営に先がけて、あっというまに貼りつけてしまわなければならない。よく泡沫候補で掲示板にポスターを貼っていないケースがあるが、これは支持者も運動員も少ない証拠だ。

これに対して支持者の数が多い候補は、たとえ二千ヵ所の掲示板でも、電話一本を入れれば、あっという間に一枚も落ちることなくポスターを貼り終えることができる。つまりそれだけ熱心な支持者がいるということだ。こういう事務所は、何をやっても凄い。

さて一方、選管から選挙の七つ道具を受け取った移送班は、血相を変えて片っ端からバンバンとリレー式にクルマに積み込む。一秒でも早く、七つ道具を選挙事務所に届けなければ、候補者の乗った選挙カーはスタートできないからだ。

ひと昔前、ある地方の候補者陣営では、すべてをクルマに積み込み終えたら、選挙事務所目指して信号機が赤に変わろうがなんだろうが、進め、進めでまっしぐらに突っ走っていた。しかも、荷物を積んだクルマの後ろには二、三台、予備のクルマが走っている。もし、先頭のクルマがスピード違反や信号無視で警察につかまったら、捕まった運転手が反則切符を切られている間に七つ道具を積み替えて、すぐに選挙事務所に向かわなければならない、そのための予備というわけだ。選対責任者いわく、

「このときばかりは義理も人情もへったくれもないね。急を要するときに、クソ真面目にクルマを転がしているようじゃダメだよ。交通法規を最低限、守りながらもいかに機敏に、機転をきかせた連絡、搬送を行なえるかがものをいうね」

選挙でいうところの組織力とは、こういうことをいうんですね。

実は最初のクジ引きで、1番を引くのと3番、5番を引くのはえらい違いだ。七つ道具をもらい終わるまでに、下手をすると一、二時間の差が出てくる。ところが組織力、伝達力が弱いと、せっかく1番のクジを引いても、そのメリットをぜんぜん生かすことができない。

反対に、こちらはクジの段階で出遅れたとしても、その先の時間を知恵と力で可能なかぎ

り短縮する。したがって、候補者を乗せた宣伝カーが走り出すのは、どこの事務所よりも早いということになる。

たかが出足の一時間、二時間というなかれ。ここに彼我《ひが》の差が凝縮されるといってもいい。

選挙はビラくばりにしろ、ポスター貼りにしろ、その一つ一つが真剣勝負だ。できること、やっていいことにどこまで真剣勝負で取り組んでいるかどうかで、勝敗は決まる。ポスターを一秒でも早く貼り、街宣車を一分でも早く動かすことが、一票でも多く掘り起こすことにつながるのである。

どこの選挙事務所でも、出陣式には大勢の支持者が集まって、乾杯、拍手をし、「ガンバレー」と気勢をあげるが、その裏にはこんな競争があるのだ。候補者が「一生懸命がんばります」と頭を下げている裏で、黙々とポスターを貼ってくれる人がいる、その数が多ければ多いほど、強い候補者なのである。

候補者の当落は、ポスターの貼り方一つでわかる

いったんポスターを貼り終えたら、今度はすべてのポスターをチェックするため、一つの例として、他の運動員に鋲《びょう》を持って回らせることがある。

なぜか。それは熱心な支持者にポスター貼りを頼んではいても、やはり選挙事務所の人間ほどに真剣勝負でやっているとは限らないからだ。ときには貼り忘れてしまうこともあるし、また貼ってはいても、雑に貼っている可能性もある。ご主人が貼る予定だったのが、急な用事ができて奥さんにまかせたところ、全部クシャクシャに貼ってしまったというケースもある。あるいは貼ったあとから、他陣営のイヤがらせで剝がされているということもある。

そこで、すべてのポスターをチェックし、一枚一枚、ポスターが剝がれないように鋲を打って回らせるのである。鋲を打つのはポスターが剝がれないようにするという意味もあるが、同時に本当にチェックを行なったことを確認する意味もある。

たとえばA地区のポスター貼りの担当は加藤氏であるとしよう。加藤氏は作業を終えると、事務所に貼り終わったとの連絡を入れてくる。そこで運動員に「おまえ、A地区に行って見てこい」と、チェックに行かせるのだ。

彼はポスターの貼り具合を見て、シワが寄っていたり、一部、糊が剝がれかけているようだったら、気泡はタオルで押えてきれいに抜き、糊の足らないところは糊をつけ鋲をきちんと打ちつける。こうしてA地区の掲示板が、すべて鋲を打たれてきれいになっていれば、ようやくOKだ。

実はこうして確認しておくと、あとで他陣営のいやがらせや、いたずらでポスターを剝がされてもすぐに対応できる。つまりA地区は貼った人間も信用できるし、そのチェックもしたわけで、こちら側にはなんの問題もない。もし、後でそれが破れたり、剝がされているようだったら、選管に訴えることができる。

場合によっては、「A地区の何番目の掲示板が剝がされている」と、警察に氏名不詳で告訴することもできる。その場合、何時何分に誰が貼って、誰が点検したという証人が必要である。そこで、こうしたチェックをしておけば、いつでも堂々と警察に文句をいいにいけるわけだ。

ポスター貼りのような下働きの作業は、金で請け負ったり、あるいは義理でイヤイヤやると、どうしても仕事が鈍くなるし雑になる。これはポスターの貼り方を見れば一目瞭然だ。

本当の支援者は、ポスターをきれいにピタリと貼ってくれる。神にも祈るような気持ちで、当選を願いながら貼っているから、きれいで、皺《しわ》などまったく寄っていない。反対に、ボコボコと候補者の顔がゆがんだような貼り方をしたポスターをよく見るが、これは貼っている人間が候補者のことを本気で支援していない証拠だ。

それに、支援者が熱心な陣営のポスターは、少しでもズレたり皺がよったりしたら、すぐに張り替えられる。破けたままで風に吹かれているようなポスターが貼ってある陣営は、不熱心な支持者しかいないし、連絡網もしっかりしていない。つまり、組織力、支持力が弱いと思っていい。特に小選挙区制だと、立候補者の個人ポスターと、政党用ポスターをどのように最大限、効果的に使用しているかが歴然とする。

かくのごとく、候補者の当落は、ポスターの貼り方一つを見れば、選挙のプロでなくともすぐにわかるのである。

選挙は日本でできる唯一の戦争だ

総選挙がはじまると、全国津々浦々、各都道府県の警察本部はこぞって「選挙対策取締本部」の看板を掲げ、選挙違反の摘発に備える。が、実をいうと、その体制作りは選挙が始まるずっとまえからひそかに進められている。警察は次の選挙に想定される立候補者とその秘書、支援者、支持団体をリストアップし、一人一人の住所、氏名、年齢、職業といった情報をことごとく調べあげているのである。

そして、いざ選挙運動がはじまると、このリストに載っている選挙違反をしそうな人物は、ちょっと大ゲサにいえば、警察から二十四時間体制で厳しく見張られることとなる。投票終了後、いっせいに行なわれる選挙違反の摘発に備え、誰がいつどこに行って、誰に会ったかを漏れなくチェックしているのだ。

もちろん、違反をしそうな候補者の選挙事務所も二十四時間、ずっと見張られている。選挙事務所前のマンションやアパートの一室、あるいは駐車中のクルマなどに身を隠した刑事たちが、選挙事務所に出入りする人間を一人一人チェックし、その行動を漏れなく記録しているのである。

したがって経験を積んだ秘書は、そのことを十分、頭に入れて事務所を設置する。自分が捜査する側だったら、どこらあたりでこの事務所を見張るか、回りを三百六十度ぐるりと見渡して考えるのだ。たとえば、目の前にビルがあれば、そこのオーナーに頼んで空き部屋を使わせてもらうだろうし、駐車場があったらそこにクルマを置いて、隠れて監視するかもしれない。

そこで、事務所の出入り口を、刑事が潜んでいそうな建物から見えにくい位置に移してしまったり、あるいはもっと徹底して、周囲に身を隠すようなところがまったくないだだっぴろい空地のど真ん中にプレハブで事務所を建てたりするというわけだ。そこまで慎重を期しても、けっしてやりすぎということはない。

なにしろ、監視しているのは警察だけではないのである。ライバル陣営の運動員も、われわれの動静を探るために、必死の監視を行なっている。怖いのは警察より、このライバル陣営だ。ライバルに自陣営の情報がつつ抜けになっては、どんな策謀をしかけられるかわからない。

しかし、だからといって隠すばかりが能じゃない。逆に、警察やライバルの欲しがりそうなものをさりげなく見せてやれば、この監視網というやつは実に重宝な道具になる。

たとえば選挙運動の期間中、一人の運動員（仮にKとしておこう）に毎朝、出勤したら指定された場所からダンボールの箱を持って二階に上がり、夜十一時になったらまたもとのところに戻すように命じておく。ダンボールのなかには、べつに重要なものは何も入っていない。紙屑が詰まっているだけだ。しかし、命じられたKはせっせと毎日この日課をこなす。

そうしておいて、警察に自分でタレコミの電話をするのである。

「○○事務所のKの動きがおかしいですよ、しっかり見張ってくださいよ」

もちろん、警察はそれ以前からKの動きをマークしていたが、当然、監視を強めることになる。その結果、Kは選挙期間中ずっと「何月何日、朝七時○○分。K運動員、事務所到着。ダンボールの箱を移動」といった調子で記録をとられる。

さて、手ぐすね引いて待っていた警察は、投票が終わると満を持していっせいに捜査に入り、怪しい運動員を任意に警察に呼ぶ。毎日せっせとダンボールを運んでいたKも、当然、取調べを受ける。このとき事情聴取を予想されるK以外の運動員には事前に、

「お前な、もし警察に呼ばれてKのことを聞かれたら、『あいつは口が固くてすごく信頼されてます』とだけ答えておけよ、わかったか」

と因果を含めておくのである。すると彼らはどういう意味かはわからないが、とりあえず

担当の刑事にKのことを聞かれると、いわれたとおり、

「刑事さん、あいつはすごく口の固い男だから、すごく信頼されてます」

と供述するわけだ。

同じころ、Kは毎朝運んでいたダンボール箱の中身について、刑事から厳しい取調べを受けている。が、それに対するKの答えは、

「たしかにダンボールは運びましたが、中に何が入っていたかは知りません」

そりゃあ、当然である。本当に何も知らないのだから。ところが警察はそうは思わない。

「なるほど仲間のいうとおり、こいつは口の固い男だわい。こりゃ、一筋縄ではいかんな」

ということになり、まずは二十日間ほど勾留されることになる。もちろん、その候補者陣営に何かの違反があり、Kがその実行者と判定されればですがね。

こうなると気の毒なのはKである。連日の追及に対して一生懸命、自分が知っている事実を繰り返すのに警察はそれをまったく信用してくれない。それどころか、ますます「口の固い野郎だ」との確信を強め、「こいつは相当のことを知っているに違いない。なんとか他の違反内容を供述させよう」と躍起になるのだ。さらに、このままでは証拠隠滅の恐れがあるということになれば再勾留され、結局、五十日ぐらいは警察から出てこられないことになる。

その間、選挙事務所では、本当の違反者たちの証拠をすべてきれいさっぱりとクリーニングして、安全を確保してしまうというわけだ。

これじゃあ、あまりにKが可哀相だが、その五十日間、Kを一人で放っておくわけでは決してない。何度か面会にいって、弁当を差し入れてやりながら、

「お前、馬鹿だなあ。余計なことをしゃべるからこんなことになるんだぞ。これからは気をつけろよ。なんとかオレが出られるようにするから、もうちょっと辛抱しろっ。かならず不起訴にしてやるから」

と慰めるのである。こうしておくと、無事に警察から出てきたKは、もう感謝感激だ。恐ろしいブタ箱からようやく出してもらった。しかも起訴にならなかった。この人はオレの大恩人だ。もう、オレは一生この人についていくぞ、ということになり、末永く忠誠を誓うようになる。本当は自分をハメて留置場にぶちこませた人間なのに……。

あっ、断わっておきますが、これは私の話じゃありません、聞いた話です。私はこんな悪いこと、とてもじゃないけどできません。

教訓　選挙とは、武器を使用しない、日本でできる唯一の戦争なり。敵を欺《あざむ》くにはまず味方を欺く、これ権謀術数の第一歩と心得よ。

学生運動員をサボらせない法

わが先生の選挙におけるポリシーは、「公職選挙法に引っ掛かるようなことは一切するな。いかに支持されるかは裏表関係なく違反をしないことにかかっている」である。たとえば、どんな選挙事務所に行っても、候補者のポスターがベタベタと貼られているが、あれは厳密にいえば公職選挙法違反である。候補者のポスターというのは、あらかじめかぎられた枚数を、指定された掲示板に貼ることしか許されていない。共産党の候補者も含め、みんながベタベタと選挙事務所にポスターを貼るが、当方はあっさりときれいなものである。この姿勢は金権腐敗のしみ込んだ政界にあって、間違いなく立派なことだ。

ただしこの清廉潔白なポリシーは、選挙を戦ううえで、これ以上ないほど高いハードルがあらかじめ設定されているともいえる。なにしろ、多かれ少なかれみんながやっている、警察も見逃してくれるような違反もしてはいけないんですからね。秘書としてはチト苦しい、辛いというのが本当のところです。ま、それでも毎回、当選しているのだから、それはそれでいいのだが……。

でも、もし私が好き勝手に金を使い、いくら違反をやっても構わないというのであれば、わが先生の得票は間違いなく二倍増から三倍増するでしょうな。これは断言してもいいです。

ま、そういう先生の方針もあって、わが事務所のスタッフ、たとえばチラシを配ったり電話をかけまくったりする学生は、全員が原則的には無料奉仕のアルバイトである（ただし、就職時には必ず親身になって世話をする）。そして、選挙期間中はずっと選挙参謀の私と寝泊まりさせ、絶対に家には帰さない。たとえ親が死のうがなんだろうが帰さない。

というのは、仕事があまりにハードなため、いったん家に帰ると再び事務所に出てこない可能性があるからだ。もうタコ部屋と同じ、いったん入ったら選挙が終わるまで出てこられない蟻地獄なのである。しかも、

「途中で帰ってしまうような奴は、絶対に就職の面倒を見ない。二度とオレの前に顔を出すな」

と厳しくいってあるから、誰も帰ろうとはしない。ま、なかにはこの厳しさに耐えかねて、最後に「家に帰してください」とポロポロと涙をこぼす学生もいますけどね。

さてしかし、学生アルバイトというものは、放っておくと必ず手を抜き、サボろうとする。とくにサボりやすいのは宣伝カーである。少し前までは国会の解散が近づくと、ウグイス嬢と男子学生の運転手をペアにして、何台もの宣伝カーを街中に送り出した。いったん出ていったが最後、あとは糸の切れたタコのように行方がわからなくなる。こうなると、さしもの私も何をしているのか把握しかねる。どこかにしけこんで、お茶を飲んだりしていないともかぎらない。

こうしたサボタージュを防ぐためには、宣伝カーに乗り込むウグイス嬢と男子学生の組み合わせを工夫しなければならない。それには、誰と誰が仲が良いか、あるいは悪いかをみきわめておく。さらに、宣伝カーを走らせる直前、誰と組みたいかという希望を全員から募るのである。

そしてこれらのデータを参考に「こいつとあいつとは絶対に組みたくないはずだ」というコンビを組み合わせるのだ。そうすれば、ウグイス嬢と男子学生が二人でどこかにしけこんだり、喫茶店でお茶を飲んだりすることは間違ってもない。朝の八時から夜の八時まで、男はずっと運転をし、女は候補者の名前をひたすら連呼しまくるだけだ。

そうすると、たいていは数日後に「組み合わせを変えてください」といってくる。が、そんな話には応じている暇はない。

「おう、わかった。でも、ちょっと待ってくれ、いま忙しいから。明後日ぐらいにはなんとか変えてやるよ」

などと適当に答えておいて、後は知らんぷり。そうこうする間に宣伝カーの使用は終了となるのである。

実はこの話、中選挙区制下の若き二、三年議員時代の選挙の話。今は、わが先生、質の良い支持者にめぐまれ、信頼を勝ち得て連続安定当選議員の一人となりました。

新聞記者を使って、自陣営を引き締める

開票速報を見ていると、よく解説者の「○○陣営は終盤、危機感を持って選挙戦を引き締めたのが功を奏しましたね」という表現が出てくる。が、一般の方には「引き締める」とはどういうことをしているのか、たぶん、おわかりにならないだろう。

選挙期間中は各陣営とも、二度や三度は自陣営全体を引き締めにかかる。そこで、その手法についてお話ししよう。

たとえば新聞記者を使って引き締めるA候補陣営の場合——。

新聞社は選挙に突入した直後から、各候補者陣営がどのくらい票を獲得しつつあるかの生

データを集めている。そして、このデータをもとにした選挙区別の情勢分析が、だいたい投票日の三日ぐらい前に各紙に掲載される。

この生データは担当記者が各選挙事務所を回り、さまざまなニュースソースから情報を収集して書かれたものだけに、おおむね各候補のそのときどきの現状が反映されており、各陣営とも大いに気になるところだ。それだけに、いろいろと手を尽くしてこれを手に入れ、その数字を参考にしながら選挙戦を進めていく。このデータを利用して自陣営を引き締めるのだ。

たとえば選挙の序盤で、ある新聞社の生データがA陣営に入ったとする。そこにはA候補は現在トップを走っていると記されている。もちろん、選対責任者のB氏は内心では嬉しいのだが、こんなことぐらいで喜んではいられない。さっそく、データ元の新聞社の支局に電話を入れ、担当の記者（田中さんとでもしておこう）を呼び出す。彼とはもちろん顔なじみである。

「もしもし田中さん？　お宅の生データ、これ何よ？　ウチがトップってホントなの？」

「もちろんホントです。このままならトップ当選間違いないでしょう」

「そう、参っちゃうな。いや、このデータ、ちょっといじくるから、一つよろしく頼むよ」

「私が何かするんですか？」

「いや、ちょっと改竄《かいざん》して、明日、幹部会で見せたいんだ。データを入れ替えてそっちにファックスするから、そいつを明日こっちへ送ってくれよ。それで三時ごろ、現われてくれないか」

「いいですよ」

そこで当落予想表のトップを他の候補に入れ換え、A先生は三位あるいは四位ぐらいに書き換えてしまう。この改竄版を新聞社に送りなおし、もう一度、その新聞社の支局からファックスし直してもらうのである。記者だってB氏からいい情報を得たいのなら、このくらいのサービスをしないわけにはいかない。

翌日、改竄された生データがファックスで送られてくる。もちろん、そこには新聞社名と支局名が発信元として明記されている。そこで、このデータを持って幹部会に行き、

「大変だ。ウチは○○新聞の生データで一位だって噂だけど、本当は四位じゃないですか」

「何いってるんだ、ホントか」

「ホントかって、いまファックスが来ましたよ。見てくださいよ」

とコピーを取ってみんなに配る。すると、ほかの事務所からホンモノの生データを手に入れた奴が、

「じゃ、これはなんだ？　こっちには一位って書いてあるじゃないか」

「誰からもらったんですか？」

「××事務所のS」

「S？　あの野郎、うちは本当は危ないのにこんなニセデータを作りやがって、油断させる気だな」

B氏はこうつぶやきながら、みんなのいる前でSに電話をかけ、

「てめえ、この野郎。うちにくだらねえコピー回すんじゃねえぞ」

などと一方的に怒鳴り散らしてガシャンと切る。もちろん回りはシーン。そこへ打ち合わせどおり支局の記者が知らん顔をして訪れる。

「いや、いいときに来たよ田中さん。何よこれ？　一位なんていう噂もあったけど四位じゃないの、こんなの出ちゃったら困るよ」

「だけどこれは事実ですよ。大変ですよ、このままじゃ」

そこでやおら幹部の前に向き直って、

「みなさん、うちはダントツのトップなんていう噂もありましたが、あれはウソです。どこかの陣営がうちを油断させるために流しているだけです。とにかく、助けてください。本当の現状はほれ、ごらんのとおりです。このデータを書いた田中記者もそういってます。うちは当落ギリギリのところですから、死にものぐるいで頑張ってください。いいですか、マスコミの生データと称するものにはくれぐれも惑わされないでくださいよ」

こう檄《げき》を飛ばすのである。これで、A陣営になんとなく漂っていた楽勝ムードは吹き飛び、危機感が生まれ、さらなる票の上積みができることになる。

その結果、選挙情勢が掲載される投票日の三日前ぐらいまでには、本当に独走態勢を固められるというわけだ。

金がなくても、あるように思わせるテクニック

選挙というのは不思議なもので、「この候補はどこをついていても本当に金がないな」と支持者に思われると、資金の豊富な相手に負けてしまうことがある。そこで、なんとかこちらにもたっぷりと金があるように支持者に思わせる工夫が必要だ。

いちばん手っ取り早いのは、選挙区内なら誰もが知っている資産家を、選対の幹部に取り込むことである。有名な資産家がバックについているくらいだから、金がないということはありえない、と誰でも思う。実際には、おそろしくケチで、ビタ一文出さなくてもいい。世間の人はそんなことまで知らないからかまわないのである。そこで、その資産家に頭を下げて、

「ぜひ、ウチの選対に来てください。もう人手が足りないものですから留守番でもいいから来てください。選挙事務所にどっかと座って、事務長みたいな顔をしてくれていればいいんです」

と、頼みこんで泣き落とし、選挙事務所に座らせる。そのうち対立陣営の関係者が、お茶を飲みがてら、さりげなく様子をうかがいにやってくる。と、億万長者がどっかと真ん中に座っているではないか。この光景を見ると、

「あそこはお金がないなんていうのはウソだ。今日も、あの資産家が選挙事務所に来て、胸を張ってお茶を飲んでいた」

と、事務所に戻って報告する。かくして、わが陣営には金があるという噂がどんどん広まっていくのである。

この座っているだけの資産家をうまく使って、さらに自陣営を引き締めることもできる。人気がなくなったところをみはからって、こう話しかけるのだ。

「いや、ちょっと大変なことが起きちゃって……。人にはいえないんですが、今日からわれわれはもっと動かなければならないので、よろしく頼みます」

「何があったんですか？」

「いや、ちょっと人にはいえないことです」

「オレにもいえないの？　いいじゃないか、誰にもいわないから教えてくれよ」

「うわー、どうしよう。それじゃ、ほかの人には絶対いわないでくださいよ。実は、最新のデータによるとうちの候補は当落線上なんですよ」

「ええっ、そりゃほんとうか？」

「はあ、こんなことみっともなくて人にいえませんから。実は、いまはどうやったって、落選なんです。ですから、これからもずっとここに座っていてください。記者なんかが来ても、うまく誤魔化してくださいよ。お願いしますよ」

「わかりました。まかせてください」

こうして実際にはトップ当選かもしれないのに、この資産家だけが落選だと思い込んでしまう。しかも根が明るい人で、いままで事務所のスタッフに冗談をいったりしていたのに、その顔から笑顔が消え、一日じゅう、悲観的な顔をしてただ黙って座り続けているだけになる。そこへ新聞記者が取材にくる。普段は口の軽い資産家がブスっとしているので、こちらもあれっと思い、

「勝算のほどはいかがですか？」

などと質問をぶつけると、相手は、

「いやキミ、選挙というのは最後までわからんからね。大変だよ」

などという。本人は苦戦を必死で隠しているつもりだが、記者のほうは「こりゃ、危ないのかもしれないな」という感触をつかみ、かくしてわが陣営は「苦戦か？」という記事を書

かれることになる。

こうなると、事務所のほかのスタッフはびっくりだ。いままで楽勝だと思っていたのに、一転、苦戦などと新聞に書かれた日には、みんな一様にふんどしを締め直してよりいっそう、選挙運動に没頭する。かくして、もともと安泰だったわが候補は、さらに磐石《ばんじゃく》になるわけである。

さて、選挙も終盤戦になってくると、さすがに資産家氏も仏頂面をするのにくたびれてくる。それに、ここまできても新聞に不利と書かれるのではまずい。そこで、資産家をそろそろ喜ばせてやるべく、「どうですか。たまには晩飯食べませんか」と食事に誘い、その席で、「いやあ、おかげさまで選挙もあと四、五日、だんだん光が見えてきました。なんとか、もうどう間違っても落選することはないところまできました。あとは順位だけの問題です。一つ残り期間もよろしく頼みます」

という。すると、もう次の日から資産家は、もとどおりの笑顔を取り戻して、「ハッハッハッ」と口を大きくあけて笑いだす。それを見た新聞記者は、「ああ、もうこの陣営は票を読み終えたな」と思い、わが候補は優勢という記事を書く次第である。

と、こんなことを書くと、まるで私が悪人のように思われてしまいそうですが、これはあくまで「こういうこともあり得る」という話、つまりフィクションが相当に入っているんです。

ライバル陣営の動きを止める方法

ライバル陣営に打ち勝つために、ときに警察の力を借りることもある。具体的にいうと、選挙運動中、相手陣営の選挙対策担当者に捜査員を張りつけさせ、その動きを封じてしまうのである。四六時中、自分の行動を捜査員が見張っていて自由に動けないようでは、いかに有能な選対担当者といえども、その実力を発揮することはできない。こうなると相手候補は片腕をもがれた状態で、選挙を戦わなければならなくなる。この方法は選挙戦も終盤、接戦となって票が読みにくい場合など、きわめて有効な方法だ。

警察を利用するといっても、なにも警察に政治力で圧力をかけ、「○○候補を調査しろ」などと命じるわけではない。警察がおのずと動くようにするだけの話である。

たとえば、ライバル陣営に有能な運動員がいて、こちらの票をどんどん切り崩しているとする。かりにHとしておこう。このHの動きを封じるために警察を利用するのだ。

それにはまず、Hが切り崩して回っているW地区の支持者二十軒ほどに、事務所の運動員から電話を入れさせる。

「もし、もし、こちら××事務所の者ですが……。すいません、実はHという奴が商品券一万円、タオルのあいだに入れて、おたくの隣り近所に配って回っているそうなんです。できたら、なんとか一つでもいいですから、物証になるものを手に入れてくれませんか。このまだとうちは落選なんですよ。助けると思って、ぜひお願いします」

と、悲壮感をこめて電話する。こういう噂はすぐに広がるものだ。

その一方で別の運動員が警察に電話をかける。

「おい、Hとかいう奴が、W地区でタオルのなかに一万円入れて配って回っているっていうのに何やってんだ、きさまらはッ」

と怒鳴り散らし、ガシャンと切ってしまう。

そのまたその一方で、新聞社の知り合いの記者に電話を入れる。

「いやあ、実はW地区でHさんがタオルの間に一万円入れて配ってるっていうんで、警察が動いているっていう噂があるんですが、Hさんみたいな人がそんな前近代的な馬鹿げたことをやるとは、ちょっと信じられませんので、ちょっと記者さん、詳しく調べて教えてくださいよ。そんなことやられたら、うちはもうパンクですから。信じられない話なんだけど、もしそうならうちも対策を考えなけりゃならない。都合のいいときでいいですから、教えてください」

これで工作はすべて終わりだ。

W地区の住民は、警察が来ると「ああ、やっぱり本当だったのか」と、噂を本気にする。しかし、金品を受け取っていれば逮捕されるかもしれないことぐらい誰でも知っているから、警察に対しては固く口を閉ざす……。といったって、誰ももらっていないのだから、そもそも「私はもらいました」などと答える人がいるはずはないんですが。

ところが警察はそうは考えない。この口の固い住民の対応を見て、「これはどうやら本当に金が流れているらしい」と思い込む。記者もW地区を歩いて取材してみて、警察と同じく「ここらへんは全部買収されているらしい」という感触を得る。かくして住民も、新聞記者も、警察もことごとく、ありもしない買収工作を信じこんでしまうのだ。

が、なにしろ証拠がない。それだけに警察も必死になり、H氏にベタリと張りつかざるをえない。こうなるとH氏はもう動けなくなってしまう。残りの選挙期間中はずっと、自宅のドアを開けたらそこに警察官が立っているという調子だ。

ライバル候補は片腕をもがれたも同然である。なにしろギリギリの接戦。このままでは落選してしまうから、ライバル候補は「お前が動かないでどうするんだ」とH氏をやたらせっつくが、そうなるとよけいに警察の目は厳しくなり、張り込みの人数も増やされる。かくしてライバル陣営は身動きならぬままに選挙戦を終了、僅差で落選とあいなるわけだ。

警察を動かす方法は、ほかにもいろいろある。たとえば自作自演で、自分が怪文書によって誹謗中傷されているといって、氏名不詳のまま告訴するという方法である。正式に告訴するとなれば、警察は動かないわけにはいかない。そうなると、当然、誹謗中傷によって利益を得るはずのライバル候補に捜査の目がいくことになる。

この時点でわが陣営が相手に対して十対四で勝っているとしたら、相手はその劣勢をハネ返す運動を展開することができないまま、選挙を終わってしまうというわけだ。と、まあこれはあくまで、「こういうこともあり得る」という話、一つのフィクションですがね。

警察は、ときに新人秘書の教育機関として利用することもできる。

政治家の秘書というのは、一度や二度、警察に引っ張られるぐらいの経験を積んで、度胸が据わっていないととうてい勤まるものではない。そこで教育のためにウブな新人秘書をあえて警察にしょっぴかせ、経験を積ませることもある。方法は実に簡単だ。解散直前になったら、入りたての秘書に「おいお前、警察回りをして挨拶してこい」と命じるだけ。

秘書になったばかりで、名刺をバラまくのが嬉しくてしかたがない新人は、喜んで警察に行く。そして、「私、今度、○○先生の秘書になりました××という者です」といって、警察署長や刑事課長などに、胸を張って自分の名刺をバラまいてくる。名刺をもらった警察は、

「こいつはいい名刺をもらった。選挙があったら、こいつを引っ張ればいい」

と大喜び。警察というのは、人からもらった名刺を机のなかに放り込んでおくなんて甘いところではないんですね。何かの機会に必ず利用するんです。

選挙戦終了後、事務所に捜査が入るようなことがあれば、その秘書にもお呼びがかかる。下っ端だから、別に何かを知っているわけではない。したがってちょっとばかり油を絞られるだけでご放免になるが、ウブな新人にはいい経験だ。ついでに、

「秘書ともあろうものが、何やってんだ。法律をちゃんと勉強しておけば、こんなことにはならないんだぞ。しっかりしろ、馬鹿野郎!!」

と一発説教すれば、キョービの若者も少しはシャキっとするというもの。どこの世界もそう甘いもんじゃないということですな。

おにぎりのなかに入っていた五百円玉は買収ではない？

ふつう法律というものは、全国津々浦々、どこに行ってもその解釈、適用は同じである。日本じゅうどこでも、人さまのものを盗んだら窃盗罪に問われるし、人を傷つければ傷害罪に問われる。ところが、公職選挙法というヤツは、各都道府県によってその解釈と適用が大いに異なる。各都道府県に自治省管轄の選挙管理委員会があり、同じく自治省管下の警察がありながら、こと選挙違反の摘発例は、地域によってずいぶん違うのである。

たとえばC県では選挙ポスターを電柱だろうが塀だろうが、およそどこに貼っても違反で捕まったという話は聞いたことがない。ところが東京や神奈川では、指定の掲示板以外に貼ると、あっという間に御用となる。

C県ではポスターが野放しであるがゆえ、選挙となるとさまざまなアイディア・ポスターが現われる。たとえば電柱にほかの候補者がいっぱいポスターを貼ってしまい、割り込む余地がない場合。なんと5センチ四方ぐらいのポスターをつくって、隙間に貼りつける候補もいる。公衆電話のピンク・チラシみたいなもんですな。

ポスター一つとってもこんな具合だから、買収も地域によって実にさまざまな手口がある。

たとえば、ある選挙区では投票日の前日になると、各家のポストに現金入りの封筒が入っている。しかし、これだけでは買収したということにならない。「D先生にぜひ一票入れてください」という買収交渉があったわけではないからだ。封筒はただ勝手に置いてあったというだけ。選挙民が自分の意思を買収されたからというわけではないのである。ただし、現金入り封筒を投げ込まれた人びとは、いったい誰が入れていったのか、誰に投票すべきなのかは、いわれなくても十分に承知していますがね……。

話はこれだけでは終わらない。この現金封筒作戦のスゴイところはその先にある。いよいよ開票となったときに、もし金をバラ撒いた地区から票が出なかった場合、個別に封筒を回収して回るのだそうな。にわかには信じがたい話だが実話である。

ま、C県に限らず、買収の手段というのはいろいろとある。

後援会の集会所のトイレに行くと壁に節穴が縦に二つ開いていて、下のほうの穴から千円札が顔を出しているとかね。この場合、上のほうは覗き穴で、誰が金を受け取ったかを監視しているのである。こうした方法だと、誰がどう交渉して渡したのか、特定がむずかしい。お金を受け取った側は、

「トイレに行ったら千円があったもんで、ポケットに入れて帰ってきただけです」

といい訳ができる。たとえ、誰からもらったんだとつっこまれても、

「黒い目ン玉がのぞいていたような気もしましたが、誰だかわかりません」

と答えればおしまいである。

あるいは——。後援会の宴会に行ってお膳の上に伏せてあったお猪口をひっくり返したら五百円玉が置いてある。これまた買収ではない。たまたま偶然、誰かがお膳の上にお金を落としてしまい、それを気がつかないまま出してしまった。運が悪いことに、さらにその上にお猪口が乗っかってしまった、とそれだけなのである。

これは同じような話が別の県にもあった。ある選挙区でE候補の事務所の、炊き出しのおにぎりのなかに五百円玉が入っているという噂が流れたのである。そこで、ライバル陣営の選対責任者がさっそくアルバイトの一人を偵察に行かせた。ところが、しばらくして帰ってきたこのアルバイトは、

「おにぎりのなかに五百円なんて入ってなかったっスよ。もう必死になっていっぱい食べた

けど、梅干しが入っていただけです」

　そのときは、「なんだ、この話はガセネタだったか」となったのだが、そうではなかった。確かに五百円玉は入っていたのである。ただし、それは事務所内に配られるおにぎりのなかにではなく、お持ち帰り用のパックに入っていたのであった。

　選挙事務所を手伝ってくれる人のなかには、専業主婦がたくさんいる。彼女たちのなかには事務所の炊き出しのおにぎりやおかずを家に持って帰って、晩ご飯のかわりにしてしまうことがよくある。そのなかに五百円玉が入っていたというわけだ。

　このケースも、おにぎりを握っている人が、たまたまうっかり五百円玉を入れて握ってしまっただけ、へんな意図があったわけではない、と当事者たちは抗弁するのである。

　もはや伝説の域に達した買収もある。

　ある大物代議士の地元では、選挙が始まると、どこの家でも台所の小窓の鍵を開けっぱなしにする。普段なら必ず内側から鍵がかかっているのに、この時期だけは不用心になるのだ。というのは、この台所の小窓から誰かがそっと「お肉」を入れてくれるからだ。この肉、実においしいらしい。それだけでなく、現金まで入っているのだからこたえられないとか。

　いやはや、うらやましい話ですなあ。

一度金を使って当選したら、死ぬまで金を配らなければならない

もちろん右のようなことが日本全国、どこでもまかり通っているわけではない。選挙違反に厳しく、ごく軽微な文書違反でもバシバシ引っ張ってしまう都道府県警察も多い。が、地区ぐるみ、地域ぐるみで札束が乱れ飛ぶ選挙区があるのも事実である。

なぜ、こんなことが起きるかというと、これは村や町という地域の共同体の絆《きずな》が強いからだ。

地方に行くと、村会議員の選出は無記名投票による住民選挙などといいながら、実質は持ち回りや談合で決まっていることがある。村内で「今度はおめえだ」「次はおめえだ」と事

前に決め、投票は完全にその線に沿ってなされる。地域共同体の住民が、そうした合意にあえて逆らうということはあまりない。すなわち、最初から投票結果などわかっているも同然なのである。

このような地方では、国政選挙もこれとまったく同じ感覚で行なわれる。

「今度の選挙、うちの村はAさんにしようか、Bさんにしようか」

「いや、どっちでもいいけど、どうするべ」

「寄り合いで決めるべ」

「じゃ、金多く出したほうにすんべ」

こうなると、政策を訴えようが何をしようが意味はない。しょせん、モノをいうのは「現金」ということになる。

そして、一度、金を使う選挙をしたが最後、死ぬまで金を使わなければ当選はおぼつかない。かつて、選挙のたびに現金を詰めたリュックサックを後援会の事務所に持っていき、「じゃ、これで頼む」とばかりに幹部の前にドカンと置いて、何期も連続当選しつづけた先生がいた。典型的な金権選挙だ。

さて、この先生が引退することになり、地盤を東大を卒業して官庁に入ったエリート中のエリートである娘婿が継ぐことになった。もともと義父の選挙に批判的だった彼は、義父についていた秘書をすべて解任し、後援会の面々の前で、

「これからはキレイな選挙をします。ですから、後援会の皆さんも会費をお願いします」と一席ぶった。そして、「私は政策で勝負します」と訴えて都会的なセンスで金のかからない選挙をしたのである。その結果……、ものの見事に落選してしまった。

なにしろ、それまで何十年か、支持者は選挙のときには金をくれるものと思っている。自分から払おうなどという発想は微塵《みじん》もない。それが会費を払えというのだから、「選挙＝小遣い稼ぎ」という発想しかできない支持者には、

「オラがセンセのとこの若殿様は、いったい何を考えているのかさっぱりわからんな」

となってしまうのは無理もない。

同じことはI代議士にもいえる。彼の議員としてのスタートは参議院議員だが、このときはバラまけるだけの金をバラまいて当選した。しかし、何度か選挙を重ねるうちに、

「これから自分が大臣になるには、金やら利権などという汚ないことは政治家としてやらない。これからは堂々と政策を訴えて、キレイな選挙でいこう」

と考えるようになる。そして、あるときの選挙では徹底的にその方針を貫き、「キレイな選挙」をした結果、あえなく落選する。

が、これは私にいわせれば当然のことなんですな。金で集められた票は、金が出なければ、もっと出るほうにいってしまうのは至極、当たり前の道理なのである。金を使って当選した代議士が、次からは政策で当選しようなどと考えるのは、勘違いもはなはだしい。

よく冗談で選挙事務所のことをレストランということがある。すでに述べたように、選挙事務所は夕方になると炊き出しをするが、ここで出るおにぎりやおかずは選挙事務所のスタッフのためだけに出すのではない。支持者の家庭のためでもあるのだ。早い話が、一種の買収工作である。


こういうところでは、夕食どきになると主婦は食事の支度などせず、一家そろって、

「今日はお母ちゃん、どんな炊き出しを持ってきてくれるかな」

と期待して待っている。選挙となれば、おかずいらずということである。ところが、

「すいませんね、今回からは炊き出しはしないんです」

となると、家で待っている家族はがっかりしてしまう。そして、おじいちゃんやおばあちゃんまでが、「今度はあの人に入れるのはよそう」となってしまうのだ。


選挙に立候補するには、最初が肝心である。政策で当選しようと思ったら、最初から最後まで、政策を訴えて堂々と戦わなければならない。反対に、最初に金をバラまいて当選すると、あとは死ぬまで金をバラまきつづけなければならないのだ。

捨てられたチラシを一枚残らず回収する理由

ライバル候補が有権者にどの程度、浸透しているかを探るには、候補者の演説なんぞを聞く必要はない。相手の運動員が駅頭でチラシを配っているところを観察するだけで十分だ。チラシ配りの近くに立って、どのくらいの人が受け取るか受け取らないか、あるいはどのくらいの人がゴミ箱に捨てていくかをじっくり見てみる。受け取らないのは問題外。捨てて行く人が多い場合もその候補はダメだ。もらって二歩、三歩も歩かないうちに、読みもしないでもうポイとチラシを捨てられてしまう候補者に、有権者はまず絶対に投票してくれない。

逆に、朝、駅前でチラシを受け取ったサラリーマンが、それを職場まで持っていく場合

――これは投票してくれる確率がかなり高いと思っていい。

かつて衆議院選挙で一大ブームを巻き起こした日本新党。この候補者のチラシは実に多くの人が職場まで持っていき、しげしげと見入っていた。もう、この時点で勝利は確約されたといっていい。その割りに、この党はあっという間に消えてなくなりましたがね。

それはともかく、人通りの多い盛り場や駅前では、テレクラ、キャバクラの類いのチラシからサラ金のティッシュにいたるまで実にさまざまなものがまかれている。が、読者のみなさんの経験に照らし合わせても、それを積極的に受け取るのはよほど興味があるときだろう。でなければ、普通はなかなか持って帰ろうとは思わないはずだ。つまり、チラシを受け取るというのは、よほど脈があるということなんですな。

しかし、受け取ったからといって、それだけで安心はできない。いちおう相手に悪いから受け取りはしたが、相手の目に見えないところで、ゴミ箱にポイと捨ててしまってから改札口を通るというケースも多い。

そこでビラ、チラシの配られる状況を観察する要員を配置し、自陣営の候補を含めてどこの候補のチラシがどのくらい落ちているかを調べることになる。

では、自陣営のチラシがことごとく捨てられてしまっている場合、選挙を知りつくした陣営はどうするか。これは即座に回収だ。候補者の顔写真、名前の入ったビラ、チラシのたぐいが歩道に散らばっていては、確実にイメージダウンである。当然のことだ。

さらにその場合でも、そのチラシをゴミ箱に捨ててしまったのでは自陣営不利の証拠を残すことになり回収した意味がない。ここはライバル陣営から見られないよう、すべてきれいに回収しなければならないのだ。

街頭演説が終わったあと、きちんとビラ、チラシ類の片付けをやることは、街を汚さないということ以上に、ライバル陣営に情報を与えないという意味があるのである。

ときに同じ場所で、同時に候補者が三人ぐらい重なって街頭演説をし、あちらこちらでビラ配りをする場合がある。こういうときに後で運動員に掃除をさせると、ごていねいにライバル陣営のチラシまで回収するバカがいる。そういうヤツはゲンコツだ。何もわざわざライバル陣営のチラシを持ってくる必要はない。そのままにしておけばいいのである。

だってそりゃそうでしょう。駅前でわが候補とA候補とB候補がチラシ配りをやっていた。それぞれみんなチラシを捨てられていたが、わが候補だけが回収すれば、道行く人びとは「なんだよ、AとBのチラシは、汚ないなア」と思うに決まっている。こういう些細なことでも、候補者のイメージというのは下がるものなのである。それがこちらの思うツボなのに、わざわざライバルの分まで回収するバカはいない。

チラシを回収するのには、もう一つ大きな理由がある。一枚、一枚に貼られた証紙をムダにできないのだ。チラシは証紙なしでは配れないが、証紙の数には限りがある。そこで捨てられたビラはすべて回収し、証紙を剝がしてもう一度新しいチラシに貼り替えるのである。

せっかく使える証紙を捨ててはいられない。

そう。したがって、ライバル候補のチラシにしても、人通りのあるうちはそのままにしておくが、出勤時間や帰宅時間が終わり、人影がまばらになってきたら、全部回収するのである。そしてすべて持ち帰って焼却してしまえば、相手は選挙管理委員会からもらった貴重な証紙を再利用できなくなってしまうわけだ。

選挙事務所にもぐりこんだスパイを見つけだす法

ところで、選挙事務所を開くと、必ずといっていいほど、ライバル陣営のスパイがもぐりこんでくる。アルバイトの学生であったり、後援者であったり、ボランティアを買ってでた支持者であったりと、姿形はさまざまであるが、いずれにせよ、危険きわまりない存在であることは間違いない。

こうしたスパイに対しては、情報の管理をしっかり行なっておかないと、自陣営の票固めがどの地区でどの程度、進んでいるのか、あるいはどんな有力者が応援にくるのか、どこの組織を取り込んでいるのか、すべて筒抜けになってしまう。

とくに当落ギリギリの接戦を演じている場合は、ちょっとした情報の漏洩《ろうえい》が、即敗北につながってしまう。それだけに、選挙戦というものを知り尽くした秘書は、事務所のなかに必ずスパイの一人や二人はいると考えて選挙戦を戦っている。

もちろん、こちら側もきれいごとをいってはおれず、情報漏れを防ぐためにいかなる手を使うことも躊躇《ちゅうちょ》しない。そこで、もぐり込んできたスパイをどうチェックするのか、ごくオーソドックスな手法を一つ披露しよう。

自陣営の情報がどうもG候補陣営に漏れている気配がある、スタッフのうちのHの様子がおかしい——。こうなった場合は、もっとも信用できるスタッフを呼んで、

「お前、悪いけど明日の朝からG候補の事務所に張りついてくれ。それで、うちの事務所にいる奴が、誰かバッと入り込んだら、すぐに電話をよこせ」

と命じるのである。そして翌日朝のミーティングの時間に何食わぬ顔をして、事務所の全スタッフの前で、

「えー、明日は人気タレントのビートたけし氏が街頭演説の応援に来てくれることになっておりますから、スタッフ一同、粗相のないように、よろしくお願いします」

などと、誰もが知っているビッグな芸能人の名前を持ち出す。いうまでもなく嘘八百なのだが、ライバル候補にとっては、もしこれが本当だとするととんでもない脅威だ。そこでさらに、

「ライバルの選対、とくにG候補に漏れたら大変ですから、このことは極秘ということで、明日まで絶対に喋らないでください。いいですか、絶対ですよ。よろしく」

と念を押しておく。G陣営にとってこいつは大変なネタである。当然、スパイHはご注進にあがるわけだが、この場合、HはG候補の選挙事務所まで直接、報告に行く。電話は盗聴されている可能性が高いので、スパイはうかつに使えないのだ。

しばらく事務所で待っていると、案の定、G事務所の前に張り込んでいたスタッフから、Hが飛び込んでいったという電話が入る。これでHがスパイであることはほぼ確定した。そこですかさず、G陣営の選対責任者にとぼけて電話を入れるのだ。もともと、敵さんとも選挙がなければ飲み友達だけに、こうした探りの電話は選挙運動の期間中、お互いにしょっちゅう入れあっているのである。

「もしもし、○○だけど、今日あたり天気が悪いから、街頭（街頭演説の意味）も辛いわな。どう？　頑張ってる？」

「いやあ、おたくこそどうなの。しっかり票固めしてきているみたいじゃない」

「いやいやダメだって、ホント。最近の運動員は、動かないから参ってるのよ。しっかり見ていないと、どこに行くかわかりゃしない」

「そうねえ、うちの連中もだらけてきてるから、ここらで一度、シメないといかんのよ」

「ホントだよなあ。いや、うちもいまさっきまでHっていう奴がいたんだけどさ、もう、いねえんだよ。突然いなくなるから参っちゃうよ。まさか、お前さんとこに行ってるわけじゃねえだろうな」

「またまたご冗談を。ま、選挙が終わったら、一杯やりましょうや」

「おう、じゃ、そういうことで、また」

こうして相手もこちらもとぼけて電話を切るわけだが、G事務所では大変である。

「おいH、お前が急にいなくなったっていってたぞ」

「え、そうですか。そりゃまずいな」

「おう、じゃ、すぐ帰ったほうがいいだろう」

Hはあわてて G事務所から出てくる。しかし、時すでに遅し。事務所に入るところ、出てくるところ、Hの姿はすべて張り込んでいるスタッフがしっかり写真に撮ってあるという次第である。

さて、事務所の機密を漏らしているのがHだとわかった。が、だからといってあわててクビを切ったり、腹立ちまぎれに問い詰めてもなんの足しにもならない。それは素人のやることで、プロだったらHの利用法を考えるのである。

たとえばこの場合、じわりじわりとHを責めたてて、今度はこちら側の二重スパイとして仕立てあげて、相手陣営に送り込むという手もある。

そこまで手間をかけなくても、「ビートたけし応援演説に来る」のように、相手陣営を攪《かく》乱《らん》するためのニセ情報を流すツールとして利用する手もあるわけで、いずれにせよ利用価値はいくらでもあるのだ。

なにしろHを無力化してしまうだけならごく簡単である。こちらがG陣営の極秘情報（たとえばスケジュール表など）を知っていることをわざと相手に流し、その情報をHから手に入れたと、それとなくディスインフォメーションするのである。こうなると、G陣営はHのことを二重スパイだと思い込み、まったく信用しなくなってしまうのだ。

企業が持ち込む推薦名簿の価値をチェックせよ

どこの選対もヨダレを垂らして欲しがるのが、当該選挙区の選挙人名簿だ。これが手に入れば、それをもとに電話をかけ、ハガキを出し、票固めを行なうことができる。選挙人名簿は選挙に欠かせない重要なツールである。

しかし、選挙管理委員会が作る正式な選挙人名簿が手に入るわけでないから、各選対は後援会の名簿から選挙区内の企業の名簿、ＰＴＡ名簿、町内会名簿まで、五十人単位、百人単位、あるいは千人単位と、ありとあらゆる名簿をかき集める。

そういう事情を知っていて、選挙の時期になると、個人から企業関係者まで、実にさまざまな人たちが「先生の選挙区には知り合いがいっぱいいます。今度、先生の支持者をまとめて推薦名簿を持ってきます」と売り込みにやってくる。

もちろん、これはこれでありがたいのだが、問題はその名簿の価値である。とくに企業の場合、ライバル陣営にもなにくわぬ顔をして同じ名簿を配って歩くところが多い。こんな名簿はただの電話帳も同然で、まるっきり価値はない。ところが、こんなものを持ち込んでおいて恩を売り、選挙が終わったら議員にいろいろと口をきいてもらおうというのだから油断がならない。が、持ち込まれた推薦名簿が本当に貴重なものか、あるいは電話帳かをチェックするのは、意外に簡単だ。

仮に鈴木さんという人が、事務所に名簿を持ってきたとしよう。

「いやあ鈴木さん、本当に貴重な推薦名簿をありがとうございました」

「いやいや、もう先生のためですから。全社でご当選をお祈り申し上げております」

「もう、私はね、名簿がなくて選挙ができるかという主義ですから、この名簿の恩返しだけは、体を張ってでも、必ずさせていただきます」

「そこまでいっていただけるとは、まことに恐縮で」

「本当にありがたい。助かりますよ」

と、そこでかねてからの打ち合わせどおり、事務所のスタッフがコーヒーを入れて持ってくる。

「ちょうどよかった。おいお前、大事な名簿をいただいたからさっそく電話を入れろ。ただし、うちの名前じゃなくて、K先生の選対ですといってな。かける先はアトランダムでいいから」

「はあ？　どうしておたくの先生のお名前で電話しないんですか？　なんで相手の名前で電話するんですか？」

「いやあ、ちょっとしたチェックでして。この名簿がどのくらい通用するか、評価を出したいんですよ。対立候補の名前で電話をしたら受けが悪くて、後でうちから電話をかけたらすごく受けがよかったらオーケーというわけです。相手の名前で電話をかけても調子がいいし、うちの名前で電話をかけても調子がいいとなると、ちょっとおかしい名簿ということですからね。そういう場合は鈴木さんも一緒に、この名簿の人たちの所を歩いてもらわないといけませんな」

「はあ……」

「ま、とにかくいちおうチェックして、様子をみようと思いますから。おい、どうだ。早く電話をしろや。二、三十人やってみればいいから」

このとき、相手の様子をしっかりと観察する。コーヒーを持つ手がカタカタ震えているようだったら間違いなく電話帳だ。ほかの候補者の選対責任者にも「先生のお力になれれば」などといいながら名簿を持っていった人間は、目の前でそんなことをやられたら誰だってび

びりまくる。そこですかさず、

「やっぱり、一緒に歩いてもらったほうがよさそうですなあ」

などといおうものなら、もう顔は真っ青である。それでも決して怒ったりはせず、ニヤッと笑ってすませる。

真綿で首を締めつけられるというのはこういうことをいうんでしょうな、可哀相な鈴木さん、恐ろしさと焦りから体を硬直させてしまう。そして、結局はわが陣営のために誠心誠意、働くことになるのである。

それにしても、選挙事務所には、自薦他薦でさまざまな人がやってくる。なかには、刷り上がった名刺が入っている青いケースの空き箱をどこからか三つ四つ集めてきて、

「私は今日だけで、先生のためにこれだけ名刺を配って歩いてきました」

とうそぶき、炊き出しのおにぎりを食べていく猛者もいる。もう梁山泊《りょうざんぱく》といっていいような状態だ。そうしたなかで、われわれ秘書は、候補者を無事、当選に導かなくてはならないわけです。

選挙というのが、まさしく人を殺さない戦争だという意味がおわかりいただけましたか。

熱心な支持者にさらに働いていただく法

選挙区の支持者の会社員氏が、二十名の推薦名簿を持ってJ事務所にやってきてくれた。彼はきわめて熱心な支持者だ。その彼が苦労して集めた二十名の推薦名簿である。その気持ち、実にありがたい。

しかし選挙のプロはそれだけでは満足しない。実際にその会社員氏にも選挙区を回ってもらえればもっとありがたい。どうせなら、そこまで巻き込んで、手伝ってもらいたいところだ。そこで一つ手を打つ。

といっても簡単で、なんの連絡も入れないのだ。会社員氏のほうは苦労して作った名簿だけに、事務所から感謝の電話がくるのを待っている。ところが、なんの音沙汰もない。こうなると、会社員氏は帰宅後、きっと奥さんとこんな会話をしているはずだ。

「おい、今日は電話あったか?」

「いえ、ありません」

「おかしいな、せっかく名簿を渡したのに、なんで何もいってこないんだろう……」

念のために自分の名簿に登載されている人のところにさりげなく電話を入れてみると、何もいってこないとのこと。

「苦労して作った名簿なのに何やってんだ」

彼は怒って選挙事務所に足を運ぶ。

J陣営では、もちろん会社員氏の名簿には電話を入れていない。わざと外してあるのである。そして「あんた、何やってんだ」と怒りに来てもらいたいのだ。実はそのために、彼からの名簿を握りつぶしていたのである。案の定、会社員氏が怒鳴りこんでくる。

「どうなってるんですか。せっかく苦労して名簿を作ったのに、なんのフォローもしてないじゃないですか」

「いや、ちゃんとやってますよ」

「何をいってんだ。やってないじゃないですか。私は知ってるんですよ」

「はあ、すいません」

「投票日まであと何日だと思ってるんですか。そんなことでいいんですか」

相手の熱はどんどん上がっていく。こうなると誰しもこの怒りを誰かにぶつけたくなる。

そこへちょうど遊説を終えたJ候補者が帰ってきた。

「先生、○○さんは調子ばかりよくてダメですよ。せっかく苦労して集めた名簿なのになんのフォローもしないんですよ」

「いや悪い、悪い。もう本当に、ご迷惑をかけてます。でも、もう人手が足りなくてね。実はここだけの話だけど、とても厳しい情勢なんですよ。このままじゃ危ないんです。もう一回、名簿の人のところを歩いて回ってくれませんか。お願いします、助けてくださいよ」

「そんなに駄目ですか？」

「ええ、もうたいへんです」

「わかりました。私がもう一度歩いて回りましょう」

ということでこの会社員氏、J陣営のために再度のご奉公をしていただけるという次第である。

ライバル陣営のスケジュールを手に入れろ

それにしても――、昨年の長野県と、東京都での過去二回の知事選挙の結果は、従来型のプロの選挙というものが、いかにドブに金を捨てるムダな行為であったかを示す一つの証明だった。

この状況の極端な例は東京都知事選で、とくに青島幸男《あおしまゆきお》氏の当選の際にはショックも大きかった。無党派層の動向を無視して巨額の選挙資金を投入し、電話戦術、宣伝カー、街頭演説、個人演説会と考えうるありとあらゆる戦術を展開し、経済団体、企業、宗教団体、労組など、各種団体に推薦を依頼し、さらに多くの評論家の予想やマスコミの生データを考慮して行なわれた組織選挙があっさりと敗北したのだ。

プロの常識からいえば、選挙運動のありとあらゆるノウハウを誇り、組織力を持つ自民党、当時の社会党、さらに公明党の母体である創価学会までを味方につけた石原信雄氏が、選挙費用わずか二十万円ほど、選挙期間中は「都政の勉強」と称して何もしなかった青島氏に負けるはずがなかった。ところが実際は七十万票近い大差をつけられての完敗であった。

いままでの選挙で、いかにムダなことをしていたか、永田町の政治家や秘書は多少なりとも感じたことだろう。

が、だからといって、衆・参・地方のいずれの選挙制度をどのように変えても選挙そのものが大きく変わるとは思えない。なにしろ、いざ選挙となると候補者も秘書も心底、ライバルの動向が気になる。

「ライバルが宣伝カーを走らせるんだったら、ウチも走らせなければならない」

「あいつがチラシを撒くんだったらウチも撒く」

「ヤツが電話をかけるんだったらウチもかける」

どうしてもこうなりがちだ。こうして相も変わらぬ従来型の選挙がくり返されることとなる。

さらにライバル候補が、いつ、どこの地域に行って街頭演説やら個人演説会、ビラ配りを行なうか、宣伝カーを走らせるかを知っていれば、選挙参謀の手の打ち方も読めてこようというもの。そこで、ライバルのスケジュール表の入手が重要テーマとなってくるのである。

もう少し詳しく説明すると、選挙区というのは、いくつもの市、地域、郡部を抱えている。したがって選挙カーの動く範囲もきわめて広い。そのなかで、単に川原の石をなめるように候補者が動くより、ライバル陣営の動きを察知しておいて、後からそれを潰すべく動いたほうが、より効率がいいのだ。

もし、ライバル陣営が明日M市内で街頭演説をするとわかれば、その日はわが陣営はO市、あるいはP市に行く。そしてM市のほうは明後日に回しておいて、相手が前の日に固めた票をひっくり返してしまえばいいのだ。つまり、ライバルがまだ回っていないところに行って、「あの人のいっていることはおかしい」と訴えるよりも、むしろ相手が熱弁を振るった後に行って「あちらはあんなことをいっていますがそれは大間違いです。私はこうするつもりでおります。みなさん、どちらが正しいと思われますか」と訴えたほうが、有権者へのアピール度が高いのだ。

ま、オセロゲームの必勝法みたいなもんですな。最後に全部、ひっくり返すというヤツです。

が、この戦法をとるには、どうしても相手陣営のスケジュールを手に入れなければならない。といって、どこぞのカルト宗教のように、相手の事務所に忍び込んで盗んでくるワケにはいきません。あくまでも手が後ろに回らないよう、合法的に手に入れないとね。

それにはいくつかの手段があるが、簡単なのは自陣営とライバル陣営の両方の後援者に名を連ねている人から入手する方法だ。

政治家の後援会には「地域の名士」が名を連ねているものだが、彼らはたいていはいくつかの肩書を持っている。たとえば繊維会社をやっていると、繊維組合に入っており、さらに商工会議所や貯蓄組合に入っていたりするわけだ。このように、四つ、五つの組合、組織に入っている経営者、商店主はいくらでもいる。

ところが、選挙になった場合、所属する複数の組織が同一の候補者を支援しているとは限らない。繊維組合はA候補を応援しているが、商工会議所はB候補を応援しているといったように、股ざき状態になってしまうことが往々にしてある。まして、それぞれの組織の幹部でもあろうものなら、両方の陣営に推薦状を渡し、いい顔をするしかない。

そういう人のなかには、自分が二股をかけているのがバレないよう、必要以上に両方にいい顔をする人がいる。つまりA候補にはB候補の事務所で手に入れた情報を渡し、B候補にはA候補の情報を流し、「私はあなたの味方です」とアピールするのである。要するにダブルエージェントの役割を自ら買って出てるわけだ。当然、A候補、B候補の選対責任者とも、

「あの人だったら、相手陣営の資料を持っているかもしれない」

と見当がつく。そこで彼が事務所に来たとき、

「あっちのスケジュールがどうなってるかご存じでしょう。教えてくださいよ」

と慇懃無礼《いんぎんぶれい》に頼むのである。こうなると、知らないとはいえない。それにここで教えなかったら、選挙が終わってから何をされるかわからない。裏切り者呼ばわりされて、パンクさせられるかもしれない。こういう恐怖があるから、たいていは相手陣営のスケジュール表をこっそりと提供してくれるのだ。

もちろん、スケジュールを喉から手がでるほど欲しがっているのは、こちら側だけじゃない。相手陣営も同じようなダブルエージェントを使って、こちらのスケジュールを虎視眈々《こしたんたん》と狙っているわけだから、当然、防諜には相当の注意を払うことになる。その基本は、身内を騙すことだ。

つまり、自陣営のスケジュールはギリギリまで隠しておき、誰にも教えない。ときに候補者自身にすら教えないのである。あるいは、相手陣営に流れることを承知のうえで、ニセのスケジュール表を流しておく。そして、みんなが寝静まったころをみはからって、翌日のタイムスケジュールを作りなおすのである。それをスタッフに渡すのは翌朝の七時だが、この時点でスパイがいてもすでに時遅し。情報が漏れたところで、敵のスケジュールの変更はきかないのである。

何度も繰り返すようだが、選挙というのは、捕まえる側の警察、報道する新聞記者、そして候補者と有権者がおりなす、人を殺さない現代の戦争である。人を殺したら警察につかまってしまうから殺さないだけ、法律の範囲内で、知能と知能を極限まで駆使して戦う。その結果が、票となって現われ、勝敗が決まる。

それだけに、選挙参謀ほどおもしろいものはない。一度でもこれを経験しようものなら、もう麻薬中毒と同じ、二度とやめられなくなってしまう。

もっとも、これは選挙を経験した人すべてにいえることですがね。

いいかげんな政治評論家の手口

ここでちょっと、マスコミについても触れておこう。

政治部の記者というのは、各社ともだいたい二十代の後半から三十代前半の連中が第一線でもっとも活躍しており、新鮮な情報をいっぱい持っている。

これが三十代後半から四十代になるとサブキャップ、キャップ、デスクといった肩書がつくようになり、それとともに仕事もデスクワーク中心へとなっていく。こうなると、もう現場に戻ることは絶対にないが、このクラスになると、ペンネームや覆面で月刊誌や週刊誌の原稿を書いて小遣い稼ぎをすることができる。

が、第一線の記者たちは、そういうおいしいアルバイトにはなかなかありつけない。せっかくいいネタをたくさん持っていながらボツにされたり（上役のデスクと親しい派閥の悪い情報などは握り潰されることがままある）、あるいは件《くだん》の先輩記者諸氏の商売のタネにさらわれてしまったり、となかなか日の目を見ないものなのだ。

そういう第一線の若い記者をうまく使うのが、永田町を闊歩《かっぽ》するさまざまな妖怪の一つ、政治評論家と呼ばれる連中だ。この妖怪も、その多くは元をただせば新聞社の政治部の記者である。したがって、初めのうちは議員会館から自民党本部、社会党本部等々、永田町のありとあらゆるところを嗅ぎ回って、ネタを自分の足で稼いでいた。が、評論家として有名になればなるほど、歩くのをおっくうがるようになっていく。

そこで、彼らは若い記者たちに月五万円ぐらいの小遣いを与えて、それと引きかえにおいしい情報を収集するのである。そういう記者を四、五人抱えていれば、何も自分の足で永田町をウロウロ歩かなくても、夜討ち朝駆けで記者がつかんだ情報を、派閥横断、党派横断で汲み上げることができるというわけだ。

有名な評論家ともなると一講演で謝礼も一本（百万円）とか。それだけもらえるなら、情報源となる記者を抱えていても少しも惜しくはないだろう。

もちろん、こういう人ばかりではなく、自分自身の足でネタを稼いだり、独自の情報網を確保している評論家もいることはいますけどね。

とにかく政治評論家が永田町で評価されるためには、精度の高い、質のよい情報網をどれだけ持っているかという点にかかっている。そういう観点からいえば、はっきりいってわれわれプロも耳を傾ける、聞くに耐えられるような解説をする政治評論家はごくごく少ない。

ま、大抵の人は「ああ、この人の情報源はせいぜい五ヵ所くらい、しかもずいぶんといいかげんなものだな」というのが、すぐにわかってしまうのである。また、複数の評論家が同じフレーズの原稿を書いているケースもままあるが、これはネタ元、あるいはネタ本が同じであることの何よりの証拠だ。

最近はテレビの政治討論番組もずいぶんと増えたが、こうした番組に出演する評論家諸氏のなかにもいいかげんな人がいる。

たとえば、テレビ出演する直前になじみの記者に電話をかけまくり、「いま、どうなっているんだい?」と「取材」する人がいる。この人は、聞いたことのウラも取らずそのままカメラの前で、さも自分が集めたネタのように「私が今日までに得た情報を総合すると……」なんていう調子で話をする。見ている視聴者のみなさんは、「この人はずいぶんと政界情報に精通しているなあ」と思われるかもしれないが、なんのことはないんです。

また、選挙予測が自慢の某先生は、アテにならない情報源しか持っておらず、しかもそれを自分なりにデフォルメして、かっこうよく解析したつもりになって話すから、その予測はいつも外れっぱなしだ。

そもそも、こういういいかげんな評論家諸氏の選挙予想は、ネタ元がどこなのかがいつかはバレてしまう。彼らの書く選挙の分析記事が、情報源となっている先生の当落予想に甘くなるからだ。何度かこういうことが続けば、必ずメッキは剝げてしまう。

　この選挙結果予想というのは、選挙が近づくといくつかの週刊誌に必ず掲載される。競馬新聞のように◎、○、▲、×、無印で予想する例のヤツだ。

　ところで、こうした予想は、考えようによっては、政治家の政治家生命にかかわることである。とくに小選挙区制になった今となっては、×とか無印などと書かれた候補者にとっては、致命的な傷になってしまう可能性がある。

　当然、不利と書かれた候補者からは告訴もありえるはずだ。が、この予想について告訴した者は一人もいない。なぜなら、こうした予想を載せる雑誌社の側も、それなりにいいわけを用意しているからだ。

　選挙予想のマーキングについて抗議を受けたら、記事を書く側は次のようにエクスキューズするだろう。

「◎はいま現在、解散になっても、かならず当選するという印である」

「○はいまのままでも間違いなく当選するが、少し気をつけたほうがいいだろうという印だ」

「▲は、まずは当選するだろうけれども、ちょっとがんばらないと、もしものことがないともいえないという意味である」

「×は当選する可能性が高いが、いまの数倍努力が必要だという意味である」

「無印は、なぜこの人が立候補したのか、われわれ外部の人間にはよくわからない。すなわち評価のしようがないということで、お手上げである。だから無印にしてあるのだが、しかし、これも絶対に当選しないとはかぎらないという印である」

要するに、どれも当選するというのである。もし、記事を書いた側が、「必ず落選するという意味だ」と断言したら、そこで裁判では負けてしまう。だから、雑誌などに載る選挙情勢の分析記事は、まず、全員が当選するということを前提にして書かれている。そうでなければ、危なくて書けないということなのである。

ま、早い話が最初からいいかげんなんですな。

投票箱が封印されるまで、選挙は終わらない

厳しい選挙戦を終えて、イザ投票日。

「やるだけのことはやった。あとは有権者の審判を待つだけです」

などとカッコイイセリフを吐く候補者もいるが、選挙というのはそんなに甘いもんじゃない。

どうも多くの人が、投票日の前日の夜の八時に選挙運動は終わるものと思っているようだが、これは大きな間違いだ。

当日は雨が降るかもしれないし、災害が起きるかもしれない。ちょっとした要因で投票率

はすぐに変わる。この投票率というヤツ、数パーセント上下するだけで、当落が大きく変わってくるから始末が悪い。そう考えたらノンキなことなんていっていられません。夜の八時に投票所が閉まるまで、選挙運動は続いていると思わなきゃいけないんですね。たとえば、もし事前に投票率が高くないと当選できないという読みがあったら、「あなた、投票に行きましたか」と、支持者の家に電話をかけまくり、棄権防止を訴えなければならない。

これ、決して選挙違反ではないんです。投票率を高めて、選挙管理委員会をお助けするボランティア活動なんですね。日本国民は一定の年齢に達すると、自らの代表を選ぶために投票する権利がある。それを行使してもらわなければならない。まさに明るい選挙の推進といえましょう。

電話をかけるときは、あくまで明るく、爽《さわ》やかに、

「もしもし、○○さんのお宅ですか。こちらは何の何べェ事務所です。もうすでに投票はお済みになりましたか。まだ行かれていないようでしたら、ぜひ投票に行ってください。よろしくお願いいたします」

と、やるのである。

投票に行ったか行かないかというのは、地区ごとの支援者の情報網を使えば、割合にすぐわかるものだ。とくに村ごとに緊密な共同体があり、人びとがそれに縛られている地方にな

ると、投票したかしないかどころか、ちゃんと支援する候補者の名前を書いたかどうかすら簡単にわかってしまう。もう別の意味で「ガラス張り選挙」なのだ。

そのノウハウは無数にある。

たとえば、支持者をバスに乗せて投票所の近くに連れていく。そして一番目に投票する人は、投票用紙と同じぐらいのサイズの白い紙を一枚、隠し持って投票所に入る。投票所で投票用紙を受け取ったらそれはポケットにしまい、投票箱には白紙を入れてくる。それで選管の人間は投票したと思う。

最初の人が投票所から出てきたら、次の人が投票箱に入れなかった本物の投票用紙を受け取って候補者名を書き、チェックをする担当者に見せた上で投票してくる。もちろん、出てくる時は、自分がもらった投票用紙を持ってくる。あとは投票箱が封印されるまでこの繰り返しだ。投票する人はバスでピストン輸送である。

そして最後の人は、外でもらった用紙と、中でもらった用紙を二票一緒に投票してくればいい。これで一票も少なくすることなく、百票なら百票を確実に読めるというわけだ。

あるいは投票所に入る有権者に、前もってボールペンと下敷きを渡す。下敷きを持ち込んではいけないという規定はないのだ。これを敷いた上で投票用紙に強い力を入れて名前を書くと、下敷きには書いた名前が写る。カーボン紙みたいなものである。この下敷きを回収し、きちんと投票しているかどうかをチェックするのである。

よく、地方の選挙で、地域の有力者が「オレの村は九百票ある。この九百票については責任持とう」という場合の「責任」とは、こういう裏付けがあってのことなのだ。

これはすべて、過去、地方にあった例である。

始まる前から決まっていた小選挙区制

一九九四年一月二十九日、公職選挙法の改正法案が国会で可決され、衆議院の選挙制度は中選挙区制から小選挙区比例代表並立制へ移行することになった。その善し悪しをいうつもりはまったくない。秘書は与えられた制度のなかで最善を尽くすだけだ。

が、一つだけいわせていただければ、この制度、選挙をやる側としてはまったく面白くない。長年、中選挙区制の下で、過酷な選挙を戦ってきた私の目から見ると、小選挙区制なんていうのは、もう選挙とはいえないシロモノだ。

なにしろ、始まる前から結果がわかってしまう。この制度で当選できるのは、各選挙区ごとに一人だけ。そして立候補するには政党の公認が必要である。泡沫候補などはますます当選が不可能となるどころか、立候補すらおぼつかない。

つまり重要なのは、いかに政党の公認を取るかということなのである。大政党の公認さえ取れれば、もう半分は当選が決まったようなものだ。さらに対立候補との組織力を比較すれば、大方の選挙区は投票前に大勢は決してしまう。

もちろん党の公認を得るため、激しい足のひっぱり合い、潰し合いが展開されるが、あくまで選挙前の話であり、選挙そのものはほとんど当落が読めてしまうからスリルがない。こんなつまらないことはないのである。私はがっかりです。

さて、小選挙区になって意外に困るのは、中央官庁と大企業だろう。小選挙区から選ばれた議員は政策審議にはおよび腰となる。そうなると各種委員会が機能しなくなるので、中央官庁は困ったことになる。また、大企業も小選挙区では議員への影響力を発揮しにくくなるから、これまた困るというわけだ。

では、なぜ議員は政策審議に熱心でなくなるのか。

小選挙区制というのは、市会議員程度、ことによるともっと小さな土俵で一位をとればいい。

たとえば、東京都世田谷区というのは小選挙区になると二つに分けられ、それぞれから一人ずつの代議士を出すことになる。つまり、区会議員よりも選挙区が小さいのである。こういう小さな選挙区では、国会で審議している国政レベルの法案なり、予算などというのは九九パーセント関係ないことになってしまう。有権者にとっても、議員はごく狭い地域の利害を代表してくれればそれでよく、それ以上のことは知ったことではないのだ。この傾向は、選挙区が小さくなればなるほど強まるはずだ。

こうなると、政治家は地元への利益誘導だけしていればいいことになり、こむずかしい政策論争に力を入れ、委員会の審議などに加わって意見を述べたりするのは、けっして得策でないということになる。ある政策なり懸案事項について、活字やテレビなどで「反対」なり「賛成」という立場をあらわにして選挙区で反発を食らうより、大蔵委員会やら外務委員会はできるだけ避け、ひたすら地元の利益を考えるということになりがちなのだ。

政治家が、これから日本をどうするかという天下国家を論ずるより、いかにして地元民の歓心を買うかに執心するようになるわけで、なべて小ツブになってしまうのである。

こうなると、ますます政策論争どころではない。

政治家自身にとってもっとも必要なのは、極論すれば票と金だ。だからこれまで、この二つを保証してくれる大企業や役所にはなかなか頭が上がらなかった。

とくに中選挙区制の下では、たいていの選挙区には、大企業なら営業所の一つや二つはある。これは政治家にとって、素晴らしい票田に見えた。営業所なんて大したことはないと思われるかもしれないが、投票率が六割程度の場合、この六割のさらに五割程度、つまり有権者数の三割少々を獲得すれば当選できる。とくにこの「少々」の部分が勝敗を大きく分けるポイントだ。それだけに、大企業の営業所の票というのはおろそかにできなかったのである。

ところが小選挙区になると、大企業の営業所の推薦を取り付けても、実際に選挙区に住んでいる有権者はわずかで、あとは選挙区外の住民ということになる。これでは労多くして益がない。それよりも市会議員、区会議員なみに選挙区内の路地裏まで歩き、町内会長を押えたほうが、はるかに有効なのである。まさにどぶ板選挙だ。

ただし、小選挙区制で二、三回、総選挙をやれば、その後は政治家が本当の政策論争をする可能性はある。というのは、この制度の場合、一度、当選してしまうと、後は現職が圧倒的に有利になる。何度か選挙を繰り返して当選しつづければ、もはや落選の心配はなくなるだろう。そのとき、はじめて代議士が国益を考えるようになるかもしれない。

ま、しかし、いまはどの議員もそれどころではない。頭の中は自分が生き残ることで精一杯。

それにしても――いったいぜんたい、政治改革というのはなんだったんでしょうなあ。

第3章

秘書はあらゆることを知っていなければならない

陳情はゆりかごから墓場まで

国会議員につきものなのが陳情である。私も実際、この三十年間、さまざまな陳情を受け、ありとあらゆる注文をこなしてきたが、その感想を一言でいえば、「陳情はゆりかごから墓場まで」ということになろうか。

永田町に陳情にやってくる人たちのうちの少なからざる数が、もう切羽つまってほかに行くところがないという状態で議員会館を訪れる。これは中小企業の経営者などに多いのだが、自分の会社が危機に瀕《ひん》し、もう万策が尽きたところで、最後に人生を賭けて陳情をしにくるのだ。

ところが、受ける側の議員や秘書には、存外、いい加減な人間が多い。それだけに、陳情をする側は、キチンと相手を見てから行くことが必要だ。議員や秘書は、いったん話を聞く

「それはできません、知りません」とはなかなかいえない。したがって、難しそうな陳情ともとりあえず受けておいて、裏でドタバタするのがつねなのである。あるいは、さも動いたように見せかけておいて、実は何もやっていないというケースもある。具体的にさる議員秘書の例でいうと、

「ああ、この話ならカネマル先生に頼むのがいいですよ。これで大丈夫だ」

というふうに、派閥のボス、あるいは世間の人がよく知っている議員の事務所に陳情者を連れていって、紹介しながら記念撮影の一つもしてやるのである。

ところがこのセリフに隠された本音は、

「うちの事務所ではできそうもない話だから、いちおう、偉い人に顔をつないでおいて、なんかやったふりでもするか……」

ぐらいのものである。が、頼む側はそんなことは知らないから、

「そんな素晴らしいセンセに頼んでくれるのか、それならもっとお礼をしなきゃいかんかな」

と思ってしまう。これが相手の思うツボなんですな。そしてしばらくすると、

「いや、残念ながらカネマル先生の力をもってしてもダメでした」

なんていう電話がかかってきて終わりである。こうなると、一世一代の陳情が破滅への引き金になってしまうかもしれない。

私の経験からいうなら、代議士と秘書の政治歴が同じ、つまり当選したときからずっと一心同体でやってきたような事務所は、陳情への応対もきちんとしている。そして、そういうところの秘書は、自分が経営者になってもやっていけるような人が多い。

ところが、なかには自分が県議選、あるいは国政選挙に出たがっている秘書というのがいる。こういう人物にはいくら陳情をしてもムダだ。なぜなら、自分の顔を売ることに精一杯で、人様の陳情にまで気が回らないのである。

ところで、意外に受け取られる向きもあるかもしれないが、陳情を処理する能力は、代議士の当選回数とはあまり関係がない。閣僚経験豊富な先生が役所に顔がきくかというと、必ずしもそうではない。

たとえば、日本を代表する国際政治家や元総理大臣に低次元の、たとえば地元の電信柱に関する陳情をしてもこれはムダというもの。また、ずっと農林畑でやってきた先生に運輸畑の陳情をしてもまず実現は不可能だし、官僚出身の先生はどちらかというと役人に嫌われる傾向にある。

かくのごとく、先生の実力と陳情処理は別問題なのだが、どうも多くの人は「オラがセンセはなんでもやってくれるスーパーマン」に見えるらしい。しかし、決してそんなことはない。ある大物代議士が文部大臣時代、自分の息子を某私大に進学させようとしてできなかったということも現実にあったほどなのだ。

一方で、私が感心するのは西川潔《にしかわきよし》参議院議員だ。とかくタレント議員は馬鹿にされがちだが、この人は違う。すでに厚生労働省のキャリア、ノンキャリアを問わず信頼される存在だ。「福祉をやります」という公約を守り、厚生労働省の職員にレクチャーを受け、陳情をくり返している。西川議員がこまめに役所を歩き回って頭を下げている姿を見ていると、「永田町の人たちは見習わなければいけないな」と私はいつも思う。タレント議員は当選するととかくふんぞり返ってしまいがちだが、彼はブラウン管に映っている姿そのままだ。西川議員に福祉関係のことを陳情したら、まずたいていの役人も応えようとするでしょうね。

さて、それでは以下に陳情にまつわるさまざまな話を紹介していこう。

怪しい話、あぶない話は秘書の段階で断わらなければならない

永田町には、時として途方もない夢物語、儲け話が陳情と称して持ち込まれる。ま、その九九パーセントは眉ツバもののヨタ話、あるいは実現不可能な話なのだが、政治家の先生にお願いすれば、なんとかしてくれるだろうという思い込みがあるから、話を持ち込むほうは真剣だ。そのどれにも共通するのが、

「先生に力をお貸し願えれば、何億、いや何十億円と儲かります。もちろん、そのあかつきには先生へのお礼も弾《はず》みます……」

という甘い誘惑の言葉だ。こういう話は、絶対に秘書の段階でうまく断わらなければなら

ない。なぜなら、先生に話を聞かせると、先生まで舞い上がってしまうからだ。

よくある例として、選挙区内の事業家や有力者がなにやら「重大な」発明をして、その特許を出願したというのがある。彼らはこの特許が認められれば、もう億万長者だと確信しているからえらく鼻息が荒い。特許庁に書類を出した時点で、自分が第二、第三の松下幸之助《まつしたこうのすけ》や本田宗一郎《ほんだそういちろう》になってしまったような錯覚に陥ってしまうのである。

ところが、その発明がモノになるかならないかは別として、特許というのは、実際に認められるまでには何年もかかる。しかも、特許を申請するために、代理人となる特許事務所に多額のお金を支払わなければならない。そこで借金してでも出願するわけだが、ただ特許が下りるのをじっと待っているだけでは、億万長者になる前に飢え死にしてしまう。そこで、

「なんとか特許が早く認可されるようにしていただけませんか。凄い発明なんです。特許が認められたら、先生にすぐに一億や二億、献金しますから」

となるわけだ。そしてお金のない政治家は、ここでつい彼らと一緒に夢を見たくなってしまう。

あるとき、いまはもう亡くなったさる先生の秘書が私の知り合いの秘書のW氏のところへ相談にやってきた。

「おいお前、実は、こういう話がきたんだが、モノになるかどうか、見てやってくれないか」

そこで知人が話を聞いてみると、なんとアインシュタインの法則を打ち破るような、永久機関の特許に関する陳情なのだ。こいつはいけない。過去、何人もの人生を狂わせた絶対ありえないネタである。ところが困ったことに、先生も秘書もお金がないものだからすでに舞い上がってしまっている。陳情したほうもされたほうもそろって、気分はすでに億万長者になっているのだ。

そもそも、政治家がいくら特許庁をつついたところで、審査結果が事前にわかることはない。特許庁長官ですら知ることはできないのだ。ある申請に対して特許が下りることが事前にわかってしまったら、いろいろな手段で金儲けをすることができますからね。ということで、その秘書も特許庁の感触がつかめず、イライラしながらW氏のところにやってきたわけだ。もちろん彼は、

「あんた、こんなものになあ、特許が下りるワケがないだろう。頭を冷やさなきゃいかんぞ」

ときつくいって帰したそうだが、こういうことは秘書仲間だからいえるわけで、熱くなって相談を持ち込んできた支持者に向かって、頭から水をぶっかけるようなことをいうわけにはいかない。

かといって、受けるわけにも絶対にいかない。夢物語の場合、いったん陳情を受けてしまった後でやはりダメだったとなると、たいてい以後のつきあいがなくなってしまうからだ。

相手が有力な後援者だった場合、そうなってしまったら次回以降の選挙もままならない。これは大きな痛手だ。こんな場合、ゆっくりと自然に熱を冷ます方法がよろしい。たとえば右のような場合、W氏はとりあえず、当たりだけはつけてさしあげるそうである。

「ぶっちゃけた話、特許が下りるまでのお金がないんですね。それなら、いいところを紹介しましょう。地方経済産業局に、発明奨励金制度というのがあります。ここに申請すると、発明が認められればわりと早くに二千万や三千万円ぐらいのお金が出ますから、こちらに行かれてはどうですか。一度、お金が出れば、後から返せということもありませんしね」

もちろんこの制度とて、あくまで素晴らしい発明に限っての話なのだが、聞いた相手はたいてい大喜びし、いそいそとその奨励金の申請をしにいくという。ま、どっちみち冷水をぶっかけられることにかわりはないのであるが、他人の口からいわせれば角は立たない。なにしろ、受けたW氏は親身になって紹介してあげたわけですから……。

カモがカモを探して永田町を飛ぶ

とんでもない儲け話といえば、こんなのもよくある。

とある日の議員会館の一室、次のような陳情をする人物が現われた。

「実は北海道の某所から石油が出ました。自分はそこの地権を押えたんですが、それを買う人を先生から紹介してもらえませんでしょうか」

この人、仮にAさんとしておこう。実はAさんはM資金まがいのグループにだまされたのであるが、そんなことをおくびにも出さずにそのババをこちらに押しつけようとやってきたのだ。私ならこの時点で、Aさんにどうやってお引きとり願うかを考えるが、知識も金もない先生と秘書はとたんに舞い上がってしまう。

この話のカラクリを説明するために、まずAさんが陥ったストーリーを紹介しよう。

ある日、Aさんのもとへ一人の紳士がやってきた。その人物いわく、

「いや、意外と知られていないんですが、日本には新潟みたいに石油が出るところが、けっこうあるんですよ。実は今度、北海道の土地で石油が出たらしいんです。どうです？　この採掘権を買ってみませんか？」

さっそく、Aさんは紳士に伴われて現地へ飛んだ。

「まあ、問題は石油の質なんです。質が悪ければ、いくら掘っても採算が合いませんがね。ほら、あそこの土の上がちょっと湿っているでしょう。あれが石油なんです。ちょっとAさん、この試験管にあの石油を採取してみてください」

そこで手をベタベタにしながら、Aさんは試験管のなかに原油を入れた。ちなみに、騙《だま》すほうからすると、ここでAさん自身にこの作業をやらすのがポイントとか。

「ここだけじゃなんですから、ほら、あそこも湿っているでしょう。ついでにあそこのも採取していきましょう」

こうして何ヵ所かで原油を採取すると、

「実は、通産省（現経済産業省）の外郭団体に鉱物試験場というのがあります。ここは、お金を支払いさえすれば、鉱物の成分を分析してくれますので、そちらに行って調べてみてくださいよ。われわれがいくら、これが本当に素晴らしい原油だといっても信じてもらえないでしょうからね」

そして待つこと数週間。分析の結果はきわめて上質の原油。

ここで、カラクリを説明すると、なんのことはない。この詐欺グループ、Aさんがやってくる前日に中東産の原油をドラム缶に二、三本手に入れて、数ヵ所の土の中に流しこんでおいただけなのである。分析結果がいいのは当たり前。なんたって、かの「アラビアン・ライト」なんですからね。

が、そんなこととは知らないカモは、ここで舞い上がってしまう。しかし、ま、落ちつけ、落ちつけということで、ためしにこの分析表を石油会社に勤める知り合いのところに持っていってみる。すると彼いわく、

「こいつは素晴らしい原油だ。いったいどこから出たんですか?」

「いや、まあ」と口を濁《にご》しながらも、喜びを隠しきれないAさん。でもねえ、これ、もともとこの会社が輸入した原油なんですね。

ところで日本の法律では、地中に埋まっている鉱物あるいは温泉は、第一発見者が登録すれば、そこで採掘権を確立することができることになっている。

「ただですね、採掘権はあなたにありますが、地権者が違うのが問題です。そこで一つこの土地を買ってしまったらどうですか。坪五十円かそこらの土地なんですから……」

もちろん地権者もグルで、

「いやいやAさん、原油が出る前だったら坪当たり五十円でもいいけどね、こうなったから

には二百円は出してもらわないとね。いや、五百円かな」

と売り渋る。そこで詐欺グループは、

「何を悩んでるんですか。坪当たり五百円といっても、東京から見たら安いもんでしょう。しかも、あなたはこれから何百億円と儲けようというんだから、土地買収の一億や二億、タダみたいなもんですよ」

こう口説かれたAさん、ついに思い切って借金をし、クズみたいな土地を一億円出して買ってしまった。一方、詐欺グループは、現金を手に入れると同時に煙のように姿を消し、手元に残るのは自分名義の登記簿謄本《とうきぼとうほん》と採掘権の届け出の権利、そして鉱物試験場の分析表、そして借金である。

かくして、最初のカモが、次のカモを探して永田町に出没するというわけだ。

ところが、こうしたいきさつをまるっきり知らない先生と秘書。なにせ事務所の台所は火の車だけに、Aさんが取り出した分析表をしげしげと見つめていると、次第に興奮してきてしまう。こういう心の隙が火傷《やけど》の元となることはいうまでもない。いわゆるM資金の話が、いまだに妖怪のごとくさまよっているのもむべなるかな。

秘書たる者は、こういうワケのわからない話の真贋《しんがん》を調べて、上手にさばかなくてはいけないのである。

数年に一回は起きる「スリランカのイカ」騒動とは？

いまや一億総海外旅行時代。しかも、最近では行き先もバラエティに富んでいる。そこで起きるのが次のような話だ。

たとえばスリランカ——。この国ではちょっとした肩書があれば、大臣クラスの人と気楽に面会できるらしい。ある先生の後援者がスリランカに視察に行き、現地で名刺交換をした。相手の名刺の肩書は大臣。そして、この大臣氏はこんな話をしたそうな。

「お国ではイカを食べるそうですが、私たちスリランカ人はイカは食べません。ところがスリランカの沖にはイカがたくさんいるのです。イカは寿命は二年。つまりスリランカ沖では、イカが二年サイクルでただ死んで腐っていることになります。こんなムダな話はありません。そこで、あなたにこのイカの漁業権をあげましょう。その代わり、あなたはスリランカにイカの加工工場を作ってくださいませんか。そこでスリランカ人を雇ってくれたら、両国にとってこんないいことはない」

もうこの時点で、話を持ちかけられたほうは漁業会社の大社長になったような気持ちになっている。そして、「やれ飲めや歌えや」と相手を接待し、かの地でやたらお金をムダ使いしたあげく、高揚感をおみやげに日本に帰ってくる。

さて、日本に帰国すると、熱が冷めるどころか、ますます燃え上がる。さあ、資金をどう融通しようか、水産庁にコネをつけなくては、商社にコンタクトしようと夢中になり、そこで永田町の先生に水産庁の担当者に会わせろだの、商社を紹介しろだのと陳情が始まるのである。

このスリランカのイカ騒動は、数年に一回は必ずある。こっちにしてみると、「また始まったか」という感じだが、ご当人は熱くなっているから大変だ。

冷静に考えたら、そんなおいしい儲け話、世界に名だたる日本の商社が黙っているはずはないと気づくはずなのに、とにかく実際に「大臣」に会い、直々《じきじき》にお墨付きをもらってカーッとなっているものだから、滅多なことでは目が覚めない。

ボルネオでは、このイカが蛍石《ほたるいし》に変わる。蛍石は高級ガラスの原料となることが知られているが、ここボルネオではその蛍石が採り放題である。ついてはその蛍石の山の採掘権をあなたに全部あげましょうとくるのである。

話を持ちかけられた人は、飛び上がって喜んでしまう。ところが、このボルネオの蛍石、たしかに蛍石は蛍石なのだが、とうていガラスの原料などにはなりえないほど粗い蛍石なのだ。この話にひっかかった人は、スリランカのイカ同様、これまた使わなくていい金をやたらバラまいて損をするだけでなく、永田町にこの話をひっさげてやってくるのである。

私のところにも、この話は何度か持ち込まれているが、もう説明するのに骨が折れる。ところが、そういうカラクリをまったく知らず、陳情者と一緒になって舞い上がってしまい、いろいろな役所にかけあい、冷たくあしらわれる先生や秘書はけっして少なくない。

あと、一時多かったのはインドネシアのエビである。この話はやたら喧伝されたらしく、昭和五十年ごろは「エビで儲かる」といって現地にまで行った人が大勢いた。なかには役所を辞めて水産会社まで作り、あげくに大損をしてどこかに消えてしまった官僚もいたほどである。

まま、インドネシアのエビは、スリランカのイカやボルネオの蛍石よりもずっと現実味のある話だったが、やる以上は一生、現地に住みつくぐらいの覚悟がなければダメだ。普段は快適な日本にいて、エビを買いつけるときだけインドネシアに行くというのではうまくいくはずもない。しょせんは素人の思いつきなのである。

ところで、この手のおいしい話にひっかかるのは、たいてい商売をやっていて、ある程度、小銭の溜まった中小企業の社長クラスの人だ。それなりにまとまった金があるだけに、この種の話にはリアリティを感じるのだろう。あちらさんも、そのへんを見抜いたうえで話を持ちかけていると思って、まず間違いない。

それにしても日本人は外国人に弱いと私はつくづく思う。外国人相手に勝手にこの手の錯覚を起こし、損をする人のなんと多いことか。

これは一つには肩書に弱いという国民性もあるのだろう。たとえ大臣であろうが、あるいは政治家秘書であろうが、国によってその肩書の意味するものはずいぶんと異なるものだ。閣僚といっても、日本と外国ではずいぶんと違う。日本で大臣というと誰でもハッとなるが、国によっては隣りの家のおじいちゃんと大して変わらないということはよくある話なのである。

あるいは国会議員の秘書といっても、ただのお茶汲み、給仕、使い走りにすぎず、なんの権限も持っていないという国もある。ところがそれを知らない日本人が、そういう国に行って、相手から国会議員の秘書であるという名刺をもらうと、こいつはいい人とコネができたと錯覚してしまうのである。

また中国や台湾に行くと「先生」と呼ばれて舞い上がってしまう。ところが、この「先生」という単語、日本語に直すと「様」「さん」という意味なのである。つまり、かの地の人から「鈴木先生」と呼ばれても、尊敬されているわけでもなんでもない。「鈴木さん」と呼ばれただけのことなのだ。

そういうことをいっさい知らない人のなんと多いことか。相手は日本人のことを、なんてチョロイ連中だと思っているんでしょうなあ。

秘書はあらゆることを知っていなければならない

議員事務所に持ち込まれる陳情には、ときに解決不能と思えるものもある。しかし、秘書たるもの、選挙区からの頼まれごとには全力をもって対処し、解決策を見いださなければならない。なぜならば、それが成功すれば陳情者は恩を感じて、われらが先生に一生、票を入れてくれるからだ。票をお金で買うようなことをしない事務所にとっての頼みの綱は、こういう熱心な支持者をどれだけ多く持っているかである。それだけにわれわれ秘書も必死になる。

たとえば、こんなことがあった。

ある夏のこと、台湾ツアーに行った後援会の有力者が、運悪く乗っていたバスごと崖から転落し、事故死してしまった。すぐさま現地に飛んだ遺族は警察でとりあえず遺体が当人であることを確認したのだが、さてその後どうするかで問題となった。

こういう場合、遺体は台湾現地で荼毘《だび》にふし、遺骨とともに帰国するというのが普通だが、遺族はなんとしてでも仏さんを日本に持ちかえりたいという。故人は地元で大きな商売をしていたためつきあいも多い。どうしても遺体のまま帰国させて、日本できちんとした葬儀をしたいというのが遺族の意向であった。

最初、遺族は旅行会社に相談してみた。会社のほうでも東京のホテルに緊急対策本部を設置したのだが、ふだん客を集める仕事はしていても、いざ事故が起きたときにどう処理するか、どうやったら仏さんを持ち帰れるかとなると、これがまったく頼りにならない。しかも台湾は、日中国交回復以来、正式な国交がない。そこで急遽、陳情ということにあいなったわけだ。

この際、問題となるのは、どういう形で遺体を台湾から日本まで持ち帰るかということである。飛行機に仏さんを乗せるのはさして難しくない。が、遺体として運ぶと検疫だなんだと手続きが煩雑《はんざつ》で、いくらドライアイスを詰めてもどんどん傷みが進んでしまう。

そこで、まず私は亜東協会（日台間の窓口組織）関係者に話をつけて、遺体を貨物扱いにしてしまった。貨物ならさっさと通関ができる。これで第一関門はクリア。

次に問題なのは、日本に入った遺体をどう運ぶかである。死体というのは都道府県をまたいで搬送する場合、各都道府県警察の許可が必要だ。そこで空港から地元までを航空貨物として支障なく搬送できるように手配もした。かくして後援者の遺体は、遺族のもとへ無事、たどり着いたのだった。

このように、緊急の場合、要はどこの役所に手配すればいいか、秘書がポイントを押えておくことがなによりも肝要だ。

たとえば、「海水浴に行った後援者が波にさらわれてしまった。なんとかしてくれ」という電話がかかってきたらどうするか。

経験のない秘書だと、地元の警察署に「よろしく」と電話を入れてそれでおしまい。ちょっと気のきいた秘書なら、さらに海上保安庁に連絡を入れて、重点警備をやってくれるように話をつけるだろう。さらにもう少し気がきいていたら、海上保安庁だけでなく地元の漁業組合にも連絡を入れて協力を要請するだろう。が、たいがいはここまでで終わりだ。

しかし、本当に有能な秘書なら、まず第一報が入ったとき、海に落ちた時刻を聞くはずだ。そして、それを確認したうえで海上保安庁や漁業組合に連絡を入れるだろう。なぜなら、土左衛門というものはその場で見つかればいいが、見つからないとなるといったん沈んでしまい、四十八時間後まで浮かび上がってこない。そして、また沈んでしまうと次に浮かび上がってくるのは一週間後。その間、いくら遺体を探しても無駄なのである。それだけに、遭難した時間が大切だ。

それさえわかれば、四十八時間後と一週間後に、遭難した現場から潮の流れを読んで、だいたいここら辺りに浮かび上がってくるのではないかというポイントを海上保安庁に重点パトロールしてもらうことが可能だからだ。必然的に遺体を回収できる可能性も高くなる。また、ついに遺体を発見できなくても、遺族は「ここまでやってくれた」という思いを強くするだろう。

これ以外にも緊急の陳情はさまざまだ。

運送業者のトラックが高速道路で横転して欄干《らんかん》を壊してしまった、なんとか営業停止にならないようにしてくれ。この場合は、営業停止を撤回させることはできなくても、せめてその会社が暇な時期、お正月とかお盆に営業停止期間をもってくることは十分に可能だ。

踏切でトラックが電車にぶつかってしまった、なんとか損害賠償から助かる方法はないか。電車を止めてしまうとその賠償金額は巨額のものとなり、小さな会社だとすぐに潰れてしまう。が、これをローンにするという方法はあるのである。踏切事故を起こした運送会社が潰れずに生き残って、そのまま営業しているとしたら、なんらかの方法を講じていると見ていい。

入学の陳情で商売する
とんでもない事務所

なにごとにつけ、カネと学歴がモノをいうわがニッポン。たとえ子供のできが悪くても、「大学ぐらいは出しておかないと」と思うのは親心というもの。毎年、受験シーズンになると、必ず十件や二十件はくるのが裏口入学斡旋《あっせん》の陳情だ。こいつは小学校からはじまって、中学校、高校、大学とすべてにわたる。

しかしながら、わが事務所では就職の斡旋はともかく、裏口入学の斡旋は絶対に行なわないことにしている。なぜかといえば、裏口入学は依頼したほうもされたほうも、一生、口にできないからだ。

これが就職の場合だったら、「実はいまの会社、あの人に頼んで入れてもらった」といってもさほど罪の意識はないし、誰もとりたててそれを責めようとはしないだろう。むしろ「ほう、○○さんにコネがあるのかい。そりゃすごい」となるかもしれない。

が、裏口入学というのは、あとあとまで尾を引いてしまうのである。

そんなわけで、わが事務所ではその手の陳情は、いっさい受け付けないことにしている。だいいち、裏口入学なんて、〝ウラ技〟は、昔と違って教育の偏差値化が進み、大学進学率が高まってきた昨今では、口でいうほど簡単ではないんです。一昔前は、確かに学籍番号を見ただけで、「あっ、こいつは裏口だ」とわかってしまう大学もありましたがね。

ところが、永田町にはそうした無理な注文を受けてしまう先生は少なからずいる。まったく面識などない、自分が行ったことすらない学校に入れてくれという陳情にもかかわらず、「まかせておけ、ワシが入れてやるから」などと調子よく胸を叩いてしまうのだ。で、結局、困って派閥の親分に頼み込んだり、先輩に泣きついたりすることになる。が、そうしたところで、なんとかなるものではない。

この章の冒頭でも述べたように、文部大臣の子息でもどうにもならないときがあるし、大学の理事長をしている代議士の口利きでも、見事に不合格になるケースもあるのである。

ま、実は陳情を受ける先生や秘書もそのことはわかっている。にもかかわらず安うけあいするのは、そこに金儲けのタネが転がっているからだ。このカラクリは本当にケシカラン話なので、次に紹介しよう。

ある先生のところへ裏口入学の陳情がきた場合――。とりあえずは志望する学校に「なんとか裏口のワクに一人入れてくれないか」と、ダメを承知で頼み込む。もちろん学校側は、わが校にはそういうワクなどありませんと突っ張る。そこで、

「いや、わかったわかった。でも、ウチにとってはとにかく大事な人の息子なんだ。だったら入学できないまでも、せめて発表の前の日に合否の結果だけでも教えてくれないか。それだけでいいから」

と圧力をかけるのである。こうなると、学校側もなかなか断われない。

そして入試の採点が終わり、発表前日に合否情報が事務所に入ってくる。ここでもし、当人が合格しているようだったら、

「先日の件ですけど、いちおう合格しているはずです」

と、秘書から電話をいれさせるのである。つまり、さも自分が合格させてやったようにみせかけ、しっかりと謝礼をいただくという寸法なのだ。本人は実力で合格しているのに、ですぞ。一方、もし不合格だったら、「いや、まことに申し訳ありませんが、残念ながら力が及びませんでした」などといってそれでオシマイである。

可哀相なのは、試験を受けた当人だ。合格する実力を持っていたのに「自分は裏口入学だ」という引け目を一生、背負うことになる。親は高い入学金を払うだけでもキツイのに、

そのうえに先生にお礼をしなくてはならないのだからたいへんだ。まこと、悪い先生がいるものだが、これが永田町の現実である。

ま、私にいわせれば、そういう先生に頼む親も親ですがね……。

いずれにせよ、私は進学に関する陳情は受けない。が、アドバイスをすることはできる。

私学の場合は、本校の系列校として短期大学を地方に持っている場合がある。そこでとりあえずそちらへ入学することを勧めるのである。そして二年間通ったら編入試験を受けて、三年からは本校へ通えばいいのだ。それでも最終学歴は四年制とまったく変わらない。

こういう短大は、せっかく文部科学省から認可を受けても地理的事情などから入学希望者があまり多くなく、したがって難易度もそれほど高くない。この制度は意外と知られていないのだが、これなら親も子供も、依頼を受けた先生も傷つくことがない。なにしろ悪いことは何もしていないんですから。短大側だって、受験生が増えるのは喜ばしい。つまり、全員ハッピーで丸くおさまるのである。

それにしても――、世の親がここまで進学にこだわるのは、日本が学歴社会であるからだ。しかし、である。月並みないい方だが、学歴がすべてじゃない。人間の実力というのは、偏差値でははかれないのだ。

永田町にだって、読み書きがロクにできなかったにもかかわらず、立派な先生がいた。この先生は、いまはもう鬼籍に入られたが、何を隠そう漢字が読めなかった。ま、ひらがなは読

とか。

この先生の秘書の仕事は一日じゅう、書類にフリがなをつけることであったとか。めたから、この先生は金儲けの才能があり、県内では知る人ぞ知る有名な大金持ち。国会にはロールスロイスで乗りつけ、選挙区から訪ねてきた支援者には、「国会の食堂でいちばん高い飯を食べてもらえ」が口癖だった。あるときの選挙では、公認料をくれるというので自民党本部に受け取りに行ったが、くれる金額を聞くと「そんなハシタ金はいくらでもある!!」といって受け取りの署名もせずに帰ってしまったそうだ。実際は字が書けなかったからだという説もあるが……。

しかし、政治家としては天賦の才があり、政治的な判断をさせると恐るべき嗅覚《きゅうかく》を発揮し、いつも最高の読みをしていた。したがって、県政にも力を持ち、地元の選挙民からも信頼された非常に優れた政治家であったという。

就職の陳情に来る学生のレベルは……

さて、進学とくれば、次にくるのは当然、就職だ。私も毎年、就職の陳情は数えきれないほど受けてきたが、ま、率直にいって政治家のところに就職の陳情にくるからには何やら問題があることが多い。いい年をして、厚化粧のＰＴＡママにぴったり付き添われ、その前で小さくなってかしこまっているのも珍しくない。

で、頭の程度はというと、「卒業」を「率業」なんて書くのは朝飯前（これは一人や二人じゃありません）。旅行代理店に入りたいという学生の履歴書を見たら、趣味は「遊行」ですとさ。「あれ、キミの入りたいのは遊行代理店か」と皮肉の一つもいいたくなりますな。さらにひどいのになると、自分の名前を生まれてこのかた二十二年間、間違えて書いていたり……。

とはいえ、なかには、こいつはなんとしてでも就職を世話してやりたいナと思わせる学生もいる。そのケースはいろいろだが、一つ挙げれば母子家庭だった場合だ。

今はそんなこともなくなりつつあるが、ちょっと前まで、母子家庭の学生は就職のうえで何かと不利であった。企業が内々に「両親ともに健在であること」と一律に線を引っぱってしまっていたからだ。これはもう立派な就職差別であるが、こういうことがある時期までは平然とまかり通っていたのである。

が、そうしたハンデを背負いながらも、自分の境遇に負けず、しっかりとした自覚を持っている若者が、「こういう業界を希望しています」と頑張っている場合、私も全力で応援する。保証人になってやってもいいし、必要なら実印だって押してあげる。

たとえば、現在、某テレビ局の敏腕プロデューサーをつとめているI君。彼のお母さんは夫を亡くした後、ホテルの清掃婦などをして女手一つでI君を東大に入学させた苦労人である。I君もそんな母親の苦労をよく知っているから、学費を稼ぐために寿司屋でお茶汲みのアルバイトをして頑張った。

なにしろ寿司屋なら食いっぱぐれがない。どうしても金がなかったら、店まで歩いていけば飯を食わせてくれる。遅くなってもアパートまで帰れるように、タクシー代をくれる。そうして貯めたお金を学費に使え、母親に面倒をかけずにすむということで、一石二鳥どころか三鳥、四鳥だったのだ。

そのI君がテレビ局に就職したいのだという。そこで、私は根回しをして、某テレビ局の役員に彼を紹介した。さて、面接試験を受けたI君、試験官になった役員から「何か特技はないのか」と問われたとき、とっさに「はい、スシが握れます」といってしまった。

その夜、役員から私のところに電話があり、「ヤツはスシが握れるそうだけど、ホントかい」と聞く。私はここがプッシュのしどころとばかりに「いや、ホントなんです。もううまいもんです」などと口走ってしまった。すると、「そりゃおもしろい、一つその寿司屋にスシを食いに行こうじゃないか」ということになってしまったのである。

さあ、それからが大変である。私はさっそく店長に電話を入れて、

「こういうわけで明日の晩、オレがテレビ局の役員を連れてそっちへ行くから、I君をカウンターに立たせて、スシを握らせてやってくれ」

と頼んだ。店長もI君を応援するにやぶさかでない。店の若い衆も全員喜んで協力してくれるという。そこで、閉店後にI君に握りの特訓をさせた。もう、一夜漬けどころか浅漬けである。

さてその夜、何くわぬ顔をしてI君はカウンターに立っていた。スシを握るポーズもなかなか堂に入ったものである。さすが東大生だけあって(?)演技も優秀である。さっと握る手つきも鮮やかに、注文したスシを握ってカウンターにそろえて出してきた。「さあ、どうぞ」と勧められるままに口にすると、うまく握れているではないか。店長以下の特訓が成功

したらしい。浅漬けにしてはたいしたものである。

「いや、I君、これはなかなかたいしたもんだなあ」

「そうですよ、もう、彼は本当の苦労人ですから」

などと、私が役員氏に必死にI君のヨイショをしていると、彼は「さあ、どうぞ、早く食べてください」と勧める。

「わかった、わかった、そうせかすなよ。ゆっくり味わって食べるから」

といっても、「いやあ、どんどん食べてください」と妙にせかすのである。なんのことはない。握りが素人なものだから、しばらく放っておくと柔らかいシャリの上にのったネタが、船が転覆するようにズルズルと倒れてきてしまうのである。浅漬けだけに、柔らかく、かつしっかりと握るコツがわかっていなかったのだ。こりゃ、もう当たり前の話ですがね。

そんなこんなで、ヒヤヒヤものではあったが、結局、I君は見事にテレビ局の試験に合格、採用通知を手にしたのである。しかも、面接の一環としてスシを握った苦労人I君のエピソードは局内でたちまち広がり、いざ配属先を決めるときには報道部に始まって、各部局から「ウチの部によこせ」と引っ張りだこだったという。

現在、I君はスポーツ局の凄腕プロデューサーとして大活躍している。

「学校指定なし」の本当の意味

就職の陳情をしてくる学生がみんなI君のようなしっかり者なら、われわれ秘書も協力を惜しまないのだが、ま、たいていは「努力をせず、ラクをして、いい思いをしたい」というノーテンキな連中だ。

だいぶ前のことだったが、さるテレビ局が学校指定なしで新入社員の募集をしたことがあった。学歴不問、ユニークな人材を募集するというのである。この募集を見て何を勘違いしたのか、このテレビ局に紹介してほしいと陳情にきた三流私大の学生がいた。ところが、成績を見ると惨憺《さんたん》たるありさまで、可と不可の山。これでは話の持っていきようもない。こういうときは、たとえ支援者からの紹介の学生でも、ガツンといってやらないといけない。

「キミは本気で入るつもりなの?」

「学校指定していないから、ぼくにも可能性があると思うんです」

「あのね、キミの成績は可ばっかりじゃないの。学業をロクにせず、自他ともに認めているようなバカが、どうやって入ろうっていうのよ」

「いや、学歴は不問だそうですから」

「バカモン。あのな、学歴不問っていうのはな、優秀な人材であるならば、たとえ中卒でも、高卒でも、専門学校卒でもかまわないっていう意味だろう。要するに学校名は関係なしに、マークシートの試験を受けさせて、優秀な成績を出したヤツを採用するって意味なんだよ。試験の結果、いちばん成績がよかったのが中学校しか出ていない人で、その次に東大、京大がズラリと並んでいたら、そのトップの人間を中卒でもかまわず採用するという意味なんだよ」

「いや、学歴不問で、ユニークな人材がいたら採用するというんですから、私は私なりにがんばってみます」

私の忠告をガンとしてきかない。どうしても受けるのだという。しかたなく、局のエライさんにいちおう紹介するだけはした。で、どうしたことやらと思っていたら、この彼氏、そのテレビ局のニュースに登場したから驚いた。朝の五時から面接会場に並んだのはいいが、ユニークなところをアピールしようとしたのか、取材にきたテレビカメラの前でひょっとこ踊りを披露して、そいつがニュースで流されたのである。もちろん、こんな妙チクリンな学生もいるということで……。

結局、ニュースの材料を提供したのはいいけれど、イザ、局の門のなかに入ると「あっキミは帰っていいです」といわれて、面接も受けさせてもらえなかった。

しばらくして、その学生が再び私のところにやってきた。

「せっかく紹介していただいたのにダメでした」

こういいながらも、なんとなく不服そうな顔をしているので、私も腹が立ってきた。

「バカヤロウ。お前みたいなヤツは第三中学卒っていうんだ!!」

「は？　なんですか、その第三中学っていうのは？」

「普通は中学校、高校、大学と上がっていくけどな、お前の卒業したのは第一中学、第二中学、第三中学だ。つまりお前の頭は中学生なみなんだ、わかったか」

いやはや、こういうのが来ると、もうまいりますよ。もっともその彼も、いまは私の紹介した中堅企業で管理職となり、良き父親となっていますがね。

女子学生にしても事情は同じようなものである。私は「スチュワーデスとかアナウンサーになりたい」という女の子が大の苦手だ。銀座方面に就職したほうがいいんじゃないか、というような派手な格好をして議員会館にやってきて、あーだこーだと能書きをたれたあげく、

「政治家の先生の紹介をもらったんだから、もう自分は内定したも同然」

などと勝手に思いこんでいるんだからたまったもんじゃない。しかも、こういう手合いは、いくらこんこんと説教したって、いっこうに聞く耳を持たない。まるで自分ばっかり説教ジジイになったようで虚《むな》しいもんです。

こういう女の子の親でいちばん多いのは、後援者の紹介のお偉いさんだ。普段は偉そうに永田町を批判しているくせに、いざとなると「うちの娘をなんとかしてくれ」と頼みにくるのである。

ま、そんなことは別に私は気にしませんがね。人の恩を忘れてわが先生の悪口をいわれなければ良いのですからね。

女の子は役所でアルバイトするのが最高だ

やれマスコミ関係だスチュワーデスだと、なにかと注文の多い女の子の就職斡旋だが、私がお勧めしたいのはむしろアルバイトだ。ただし勤務先はお役所。つまり中央官庁の臨時雇いだ。

本来、公務員は行政改革で人減らしをすべきはずだが、実際にはお役人の仕事は年々増えるばかり、猫の手も借りたい忙しさだ。といって、官僚の数を増やすわけにはいかない。そこで、公務員試験を受けていない、正規の職員でない、幻の人手をそろえる。つまり、役所に支給されるコピー代、文書代の範囲のなかでアルバイトの女の子を雇うのである。これを霞《かすみ》が関《せき》では「賃金」と呼んでいる。

読者のみなさんのなかで、もし中央官庁に行く機会があったら、注意深く観察してみてください。持ち物がよくて、顔がすっぴんではない、化粧上手な女の子は、たいていこのアルバイトだ。反対に公務員の上級試験を受けて入ってくる女性は、どちらかといえば地味である。そうでないと、お堅いお役所ではなかなか採用されるものではない。

ま、アルバイトにしても、さすがにツタンカーメン何千年の歴史みたいな化粧をしてきたら面接の段階でアウトだが、常識の範囲内であれば、お堅い役所でも採用してくれる。

そこで、一つそのアルバイトとして働いたらどうかと勧めるのである。

「アルバイトなんて」とバカにするなかれ。こんな素晴らしい腰掛けはない。いかにキャリアだ、とらばーゆだと気取ってはいても、女の子のホンネは玉の輿《こし》狙い。いい会社に就職したいのは、いい旦那さまを探したいからにほかならぬ。親だって、可愛い娘にはぜひともいい婿さんをと、同じようなことを考えているものなのだ。

とすると、石を投げればともかくも東大卒にぶつかる中央官庁。そんな素晴らしい職場に入れるとなれば願ったりかなったり。たとえ給料が安かろうが、小遣銭程度にしかならなかろうが、そんなことは二の次となるのが女心というもの（もちろん、そういう女性ばかりだとは思いませんが）。

なにせ、どんな男にひっかかっても人生はバラ色だ。末は局長とまではいかなくとも、高級官僚のよさは定年になってから。天下りで就職支度金をたっぷり支給され、個室、クルマ、秘書つきで月給百万円以上という人生が待っている。三回か四回、天下れば、億という金がたまり、地位も名誉も最高である。いかにプロパーの社員が競争を挑もうとしても、情報量も人脈も格段に違う。

そういう男に嫁いだら、娘ばかりか親も最高だ。たとえば、建築会社を経営している人の娘が国土交通省でアルバイトをして建設官僚と一緒になれば、これはもういうことはない。銀行関係者なら財務省、NTT関係者なら総務省……。こうなると親も大喜び。

男の側にしても、アルバイトの女の子はそうそう外れるようなことはない。まずたいてい、地方のそれなりの名家の出であったり、相当な事業家の娘であったりと、経済力、権力にめぐまれていることが多い。

若い官僚のなかには、親は持ち家なしのアパート住まい、子供のときからただひたすら勉強して、公務員上級職に受かったはいいが、いまだ家はないし、財布の中には金もない。下手すりゃ一生独身寮かという境遇に耐え、ただ実力だけで胸を張っている者もある。

そこへ、長持ち付きでやってくるような女の子がいたら、これはもう喜んで一緒になろうというものだ。そもそも相手だってそれを期待して、チラチラと匂いを嗅いでくださいとデモンストレーションしているんですからね。

ちょっと前に某お役所に、さる企業の経営者の娘さんを紹介したら、わずか一週間で若手官僚二人から、「結婚してください」とプロポーズされたという。

「いったい、どうしたらいいでしょう」と私に相談に来たから、「いや、まだ早すぎるナ。断わらなくてもいいから気楽につきあったら」と答えておきました。

また、別のある省庁に紹介した女の子――この子は金持ちの娘でもなんでもない、平凡な家庭の子だったが――は、やはり入ったとたんに若い官僚とできてしまった。ある朝、課内の同僚が役所に出勤してきたら、前日に二人で徹夜したのかどうかは知らんけれども、部屋のソファーに仲良く肩を寄せ合って、手をつないで寝ていたそうな。第一発見者は起こすのも可哀相だから、そのままにしておいてやったら、たちまち課内中の噂になって（そりゃ当たり前だ）、結局、彼女はすぐに退職、その年のうちにゴールインとあいなった。

とまあ、そんなわけで中央官庁でのアルバイトは、玉の輿を狙う女性にとっては大穴中の大穴である。親御さんも親御さんで、

「お父さん、私、お役所の人に明日ディスコに誘われたんだけど、どうしよう？」

「ああ、行ってこい、行ってこい。こいつは小遣いだ」

てな具合でもう財布のヒモはゆるみっぱなしだとか。と、まあこれはあくまで私の想像です。どうもすみません。

国語の単位がとれないのに、国語の先生になれるか!!

これまで就職の斡旋をした件数で、それなりに多かったのは学校の先生かもしれない。

公立学校の教員になるには、まず教員採用試験に合格して登載名簿に載らなければならない。そして、そのなかから各校の校長先生が、選択して面接をするわけだ。いったん名簿に名前が載ってしまえば、成績が一番だろうが五十番だろうが関係ない。校長が任意に選ぶノミネート群としては、誰しも同じ条件ということになる。

そして校長は、保守系の政治家から斡旋された者を教員に採用するケースが少なくない。校長というのはたいてい保守派で、また無難にことをすまそうとするから、保守系の政治家からの斡旋に首を横にふることはまずないのである。したがって、保守系の政治家からの紹介があれば、その学校の先生になることはたやすいといっていい。

一九七〇年代、革新自治体が次々に誕生した時代にもかかわらず、日教組がどんどん小さくなっていった理由はこの就職斡旋のシステムにある。革新自治体は保守派の校長対策をしていなかったため、組合に入らない教師をどんどん採用していくのに歯止めがかからなかったのである。

本来なら、革新自治体はそうした保守の色のついた学生を教職に採用してほしくないのだが、登載名簿に「自民」という想像上の印（つまり議員からの推薦）がついていると、校長としては「こいつなら自分の在職中に足元で旗を振ったりしないな」ということで安心できるわけだ。

さて、教員採用について、面白い話としてはこんなのがある。

ある支援者から国語の教員になりたいという学生がいるので、面倒をみてくれないかとの陳情を受けた。学生は運良く教員採用試験にも合格し、わが先生の紹介を受けて晴れて教員に内定。さっそく長崎屋のカステラだったかをぶら下げて、事務所にお礼にやってきたりもした。

と、ここまではよかったのだが、それからしばらくして当の学生が真剣な顔をして、再び事務所にやってきた。「どうしても単位が取れなくて、卒業できない」というのである。教

員免許は卒業式に卒業証書と同時に発行される。当たり前の話だが卒業は最低条件だ。そこで、

「困った奴だ、いったい何の単位が取れないんだ」

と聞くと、国語科教育法だという。こいつはあきれた学生だ。国語の先生になろうという者が国語教育の単位が取れないというのだから……。さすがに腹が立った私は、

「英語やら数学の単位が取れないというんならわかるが、国語がダメというのはどういうことだ。そんなことは自分でなんとかしろっ!!」

と怒鳴りつけてはみたものの、有力な支援者からの依頼ということになると無下《むげ》に扱うわけにもいかない。結局、私が大学に説明に出向いて、なんとかかんとか卒業の基準を満たすよう、拝み倒したのだった。

それにしても、国語科教育法の単位も満足に取れないで国語の先生になったんだから、教わるほうの生徒はたまったものではありませんな。私にしてもこの件を思い出すと、その学校の生徒たちのことに思いがいたり、いまだに良心がチクチク痛んでいけない。だって、この先生から通知表で5をもらっても、本当に実力があるのかどうか、わかったものではないんですから。

ところで、就職の季節になると、東大、早稲田、慶応などの一流校の学生に混じって、あまり聞いたことのない大学の学生も私のところへやってくる。彼らはもう就職活動をする前

から萎縮《いしゅく》してしまっていることが多い。そこで私は、そういう学生を見ると、元気づけのテストを行なうことにしている。

たとえば、その年に事務所にやってきた学生をすべて集める。そして紙と鉛筆を与えて、

「いまから一分間テストをするからな」

という。就職がかかっているからみんな真剣である。

「ではまず、日曜日の日という字を書いてみろ。これは誰でも書けるな。日の下に十と書く、つまり棒を二本足したら早という字になる。これもいいな。じゃ、簡単な話だ。同じようにして一本だけ足すと田んぼの田になるが、一分間にあと何文字かけるかやってみろ。いくぞ、よーいドン」

こういう問題をいくつか出すのであるが、こうなると東大だろうが早稲田だろうが、あるいはどこぞの大学だろうが、そうそう大差がつくものではない。

「なんだ、どいつもこいつも大して差がないじゃないか。お前、東大出ていてその程度か」

「はい」

「東大なんて自慢するほどのもんでもないなあ」

「すいません」

「ま、とにかくお前らみんな頑張れよ」

こういうと、かたや謙虚さが出てくるし、かたや自信を持つことになる。こうして、いざ

試験会場へと出撃させるわけである。

こうして、なんだかんだと毎年毎年、就職シーズンになると同じようなことをやり、いろいろな学生を社会に送り込んできた。

その学生が何年かたって「今度、課長になりました」などといってやってくるときほど嬉しいことはない。ま、なかには「私のころと同じことをまだやってるんですね」などと憎まれ口を叩くヤツもいますがね。

天皇陛下に柿を献上する方法

あるとき、ベテラン議員のY先生が、地元の村から難題を持ち込まれた。オラが村で作っている名産の柿をなんとか天皇陛下に献上したいというのだ。当節流行の村おこしというやつである。

これといった名所、名産のないこの村には、たった一つだけ昔から伝えられてきた自慢の柿があった。この柿は赤ん坊の頭ほどもある巨大なもので、大きなわりには味も悪くない。いまは一部の農家が細々と作っているだけだが、この柿の栽培を奨励して大々的に売り出せば、いい村おこしになるじゃないかということになったのだ。

ただし、残念ながら柿の名前が全国的に知られていない。そこで、誰がいいだしたのか、天皇陛下に献上したらどうかというアイディアが出たらしい。なるほど、天皇陛下に食べていただければ、これはもう全国区間違いなしだ。

そこで、とりあえずY先生宅に柿が送りつけられた。村長さんの心づもりは、数少ないなかからとくに立派なものを十個より抜いて詰めた小さな一箱が天皇陛下に食べていただく分。普通の柿を詰めた大きな箱が十箱、これが先生へのお礼。

さて、柿を送りつけられたY先生、村長さんに「よし、わかった。まかせておけ」と、胸を張ったはいいが、いったいどうやって天皇陛下に献上したらいいものかさっぱりわからない。さりとてほかの政治家に「何かいい知恵はないか」などとは恥ずかしくて聞けない。で、山と積まれた柿の箱を前にハタと考えこんでしまった。すると、秘書を務めている息子さんが、私の知り合いのベテラン秘書、U氏のことを思い出し、

「Uさんに聞いてみたらどうだろう。あの人なら知恵を出してくれるんじゃないの」

「よし、それなら一つお前が行って聞いてこい」

ついては手みやげ代わりに送ってきた柿を持っていけ、ということになったらしいのだが、箱の中身をよくわかっていなかったY先生、息子に小さい箱のほうを持たせた。大きな箱のほうに、当然、大きな柿も入っていると思いこんでしまったのである。

こうしてY先生の息子は、たった一箱しかない貴重な柿を、そうとは知らずにぶらさげて、U氏の家にノコノコやってきた。そして、「実は相談があるんです。あっ、その前にこいつはつまらないものですが……」

といいながら柿の箱を差し出した。

U氏は「こりゃどうも、そんなに気を遣わないでよ」といいつつ、受け取った柿の箱を奥さんに渡し、応接間で彼の相談を聞いていると、台所のほうで、

「うわー、大きな柿だわ」

と彼女が感嘆の声を上げながら、いまもらったばかりの柿に包丁をいれはじめた。その瞬間、彼の顔色はサーッと変わり、あわてて台所にかけ込んだ。

「すいません、ちょっと待ってください。それから電話を貸してください」

あわてて電話に飛びつくと、自宅にいるY先生に電話をいれて、

「ちょっと柿の箱、全部、開けてみて。……どう、ばかでかい？　みんな小さい？……え？　お手玉ぐらい？　それじゃ、普通の柿じゃないか。ソフトボールより大きいような柿はないの？……え、ありゃりゃ、それじゃ、これが陛下に献上する柿じゃないか……もうほかにはないって……そんなことといったってもう包丁いれちゃったよ……」

もう親子ともどもしどろもどろなのが、実況中継を聞いているようにU氏の耳に入ってくる。しばらくして電話を切って戻ってきたY先生の息子は、

「弱ったな、どうしよう……。なにせこの柿はあんまりとれないから貴重品らしいんです……」

「どうしようといったって、これが陛下に献上するやつなんだろう。それなら持って帰れ、

冗談じゃない」

「でもねえ、もう切っちゃったから。困ったな……」

「そんなことといったってこっちの知ったこっちゃないよ。どうするんだよ、この柿。持って帰るのか。それなら持って帰っていいよ」

「いやあ弱ったなあ……」

息子は、進退きわまった様子である。

「あんたも政治家の息子だろう。いずれ親父さんの跡を継がなくちゃならない立場だ。そういう人が、この柿を持って帰るかここで食っちまうか、そのぐらいのことが決断できないでどうするの。そんなんじゃ、お話にならないよ」

「うーん、わかりました。食べちゃいましょう」

結局、天皇陛下に献上するために地元の人たちが持ってきた柿をU氏夫妻とY先生の息子の三人で食べてしまった。

いや、その柿はうまかったらしい。なにしろ、選び抜かれた柿ですからね。もっとも息子のほうは、味も何もほとんどわからなかったらしいですが……。

さて、ここまで読まれた読者は、ひょっとしてU氏のことを「なんて不敬な野郎なんだ！」とお思いになるかもしれない。が、実をいえばこの話、天皇への献上品と聞いた時点で、答えは決まっているんです。政治家を通じて、天皇陛下に柿を献上するなんてことは不可能だ、と。

そんなことは最初からわかっていたんだけれども、U氏は暇だったし、目の前でドタバタしはじめたから、時間つぶしに面白いやと思って少々からかってみたとか。しかし、あまりいじめるのも可哀相だから献上について説明してやった。

天皇陛下が献上品をお食べになるのには二つのケースがある。一つは陛下が地方に巡幸されたとき、各地で食べられる場合。もう一つは各都道府県の知事が、宮内庁を通じてお届けする場合である。国会議員を通じて献上するなどということは百パーセントありえないのだ。つまり、最初から無理な相談だったのである。

「わかりました。でも、村のほうにはどう説明したらいいでしょうかね?」

「簡単じゃないか。オレの家を宮内庁の職員だということにすればいいんだ。村長さんには、こういえよ。宮内庁に行ってこういう柿ですと見せたら、宮内庁の担当者が剝《む》いて食べちゃった。だけど来年、また柿がなる時期になったら、県知事を介して献上することになるから、そのときに書類上のフォローをしてくれますっていえばいいんだよ」

「なるほどね」

「それで村長さんも納得するだろ。あと、なんかいってたか?」

「いや、柿を献上したら、それから三越《みつこし》とか高島屋《たかしまや》で売りたいといってるんですよ。一個千円ぐらいで売れるんじゃないかって」

「それはずっと簡単だよ。まかしてくださいと胸を叩いたらいい」

「だって置いてくれなかったら、どうするんですか」

「バカ、デパートっていうのは、棚に余裕があったらたとえ一個でも置いてくれるんだ。デパートは売れたら金が入るし、売れなかったら売れなかったで返品するんだから、損するわけじゃない。それぐらいはY先生からいえばどうにでもなるだろう」

案の定、この柿は次の年から八百円ぐらいで都内のデパートで売られたらしい。なんでも、なかなかの売れ行きだったそうだ。しかし、献上の話はY先生のところへは二度とこなかったとか。結局、この件でいちばん得をしたのは相談を受けたU氏だった。

それにしても、この話は地元から陳情を受けたら「ノー」といえず、後でバタバタする典型的なパターンである。なんでもかんでも、すぐに「OK」と胸を叩いてしまうが何もできず、結局、後援者との関係がまずくなってしまうというのは、よくある話だ。

難しい陳情を受けてしまった場合に大事なのは、決して議員にまで上げず、秘書の段階で止めてしまうことだ。そして、思いのほかうまく処理できれば議員のお陰、うまくいかなかった場合は秘書に能力がなくてダメだったということにするのである。そうすれば、陳情がうまくいかなくて後援者が怒ってしまっても、議員とのパイプがぷっつりと切れてしまうことはない。「悪いのはあの秘書の野郎だ」ということで丸くおさまる次第である。

名門小学校入学のクジを引き当てろという陳情の結末は……

この章の締めくくりに、一つ陳情がらみで私のズッコケ話をいたしましょう。前に裏口入学の世話だけは絶対にしないといいましたが、実は一度だけ入学にかかわったことがあるんです。もちろん裏口じゃない。某有名附属小学校に入るためのくじ引きだ。依頼者の女性は私にこういってきたのである。

「あなたは秘書として、アカの他人を選挙に当選させた実績があるワ。あなたの人生は、とても運がいいのよ。私は生まれつき運がないからダメ。私の娘の人生はあなたの強運にまかせます。ぜひ私の代わりに小学校に行って、クジを引いてきてちょうだい。あっ、別に外れてもいいのよ。ダメもとなんだから」

猛烈にまくしたてられて、ついに断わりきれなかった……。

そして当日、「とりあえず結果がわかったら、すぐに電話を入れてちょうだい」といわれた私は、「電話まで入れるのか、イヤだなあ」と思いながら、渋々、小学校に向かった。

そして、イザ会場に着いてみたらこれがすごい。小学校の講堂には千人単位の人が集まっているのである。このなかで合格できるのは、わずか数十名。くじ引きの方法は、ガラガラガラッと回転する箱を回して玉をポチョンと出すヤツだ。ほら、商店街の福引きなんかでよくやっているでしょう。

合格は赤玉で不合格は白玉。当然ながら出てくるのは白ばかり。最初のうちは白、白、白……と続き、ようやく何十人目かで赤が出ると、講堂はみんな「おお〜っ」とどよめき、続いて「おめでとう」の意味を込めた拍手をする。

ところが、ガラガラが何百人も進み、赤玉が三つ、四つと出てくると、だんだんこの拍手がまばらになっていく。親たちはみんな張りつめた表情でシーンとしていて、まるで霊安室にでもいるような気分だ。

そのなかで、ただガラガラガラという音だけが大きく響く。もう会場にいる全員、祈るような気持ちで、遠くのガラガラを見つめ、「白、白、白、白出ろ、白」と、無言の叫びを発している。なにせこの倍率だ。一つでも赤が出ると、その分だけ自分が赤を引く確率が低くなる。ところが、ほかの人がガラガラ回しているのを見ていると、なんだか赤がポロリと出てきそうな気がしてしまうのである。たまに赤が出て大喜びしている親を見ると、殺してやりたくなってくる。しまいには誰も拍手なんかしなくなってしまった。そして講堂じゅうに「自分だけは受かりたい」という気迫だか呪いだか祈念だか知らないが、わけのわからないものが充満して、もう恐ろしい雰囲気である。

これには、滅多なことでは動じない私もまいった。遠くのガラガラにじっと目をこらしているうちに、だんだん目も痛くなるし、頭まで痛くなってくる。自分の順番が近づいてくると、ドキドキしてくるわ、喉は渇くわ、手には大汗と、もう昇天する一歩手前みたいなものだ。ガラガラを回すスピードなんて、実際にはなんの関係もない。が、ポチョンと赤が出ると、あのときに回した速さはどのくらいだろう、前に出たヤツは、どのくらいの速さで回していたかなと、頭の中で走馬灯のようにグルグルと、前に赤玉が出たシーンが思い出されてくる。

そしてついに私の番が回ってきたが、イザ、ガラガラの前に立ってみると回すスピードもへったくれもない。頭が真っ白になって無我夢中で回すと結果は白の不合格。

こうなると次のイヤな仕事が待っている。「落っこちました」と電話をしなくちゃならない。ところが小学校の外の公衆電話はどこもみんな「合格だ」「不合格だ」と連絡する人でふさがっている。しかたなく駅まで歩いていったが、そこもいっぱい。あれだけ大勢の人がいっせいに「落っこちた」と、家族に連絡しているのだから無理もない。

結局、電車に乗って、二駅先まで行ってそこから電話した。ところが、相手は落ちたらすぐに電話があるはずだと思っていたが、なかなか電話がかかってこないので、「こりゃ合格だ」と思ってしまったらしい。驚いたことに、家じゅうで祝杯をあげていたのである。その最中に電話をかけたものだから、奥さんの怒ること、怒ること。

「落ちてるのに、なんでこんな時間にかけてくるの」

「いや、電話機が全部ふさがっていたもんですから。すいません」

「嘘いってるんでしょ。あなた、いつもジョークばかりいうから」

「すいません、本当に白だったんです」

「ホントは赤だったんでしょ」

「本当にすみませんが、ダメだったんです」

「あなた、私を馬鹿にしてるのね。だましてるんでしょっ!!」

「すいません、残念ながら本当に不合格です」

この電話以来、ここの家とはつきあいがない。それまでは、食事に招待されたり、一緒に旅行をしたりと親戚づきあいだったんですがね。もうとんだ難儀です。

「しょせん針の穴に象を通すみたいなことで、無理なんだから。落ちても気にしなくていい」といってた人が、気にしないどころか怒り狂っている。しかも、まるで私が全部悪いみたいなことをいうのである。

さしもの私も、こんなことはこりごり。もう二度と人様の代わりにクジなんて引きたくありませんな。

なにしろこの一件は私に相当な精神的ショックを与えたようで、以後、数年にわたって商店街で福引きをしている横を通り、人がガラガラ回しているのを見ると、あのいやな記憶がよみがえってきましたからねえ。

第4章

暇な先生のパフォーマンスにだまされるな

予算づけのシステムがわからないと政治家は務まらない

予算に関する陳情のピークは年二回、八月と十二月に訪れる。この時期は、陳情者が列をなして次から次へとやってきて、議員会館、財務省、自民党本部は軒並み陳情銀座となってしまう。あっ、最近は公明党や保守党も銀座のはしくれぐらいにはなりますな。

陳情団から受け取った名刺は、積み上げたら大げさでなく一メートル近くなり、あっという間に書類が腐るほどたまる。毎年恒例のことだが、もういくら処理してもキリがない。お茶を出す暇もない忙しさというヤツである。

ところで、予算に関するタイムスケジュールを役所年度で四月から三月のスパンで見ると、まず今年度の予算が四月の第一週ごろに国会で成立した後、すぐさま始まるのが「箇所《かしょ》付《づ》け」の内示だ。

これは各省庁で獲得した予算のなかの公共事業費を、どの事業に配分していくかを定める作業である。つまり、国土交通省ならば河川事業にいくら、道路の事業にいくら、港湾の事業にいくら、というように予算を貼り付けていくわけだ。

この箇所付けの内示は国土交通省あたりから始まり、遅くとも五月、六月ぐらいまでにはすべての省庁で終了する。

もう少し詳しく説明すると、予算というのは、まず一般会計として八十兆円弱からなる国家予算が設定され、それを各省庁別に分け、さらに庁内の各局、各課に振り分けていく。厚生労働省の老人福祉施設関連予算を例にとると、国家予算ですでに大枠は決められているから、その枠内で全国の自治体から要望のあった老人福祉施設の建設、施設の拡充などの事業をする。すると、自治体からの要望は四百件あったとしても、予算は百件分しかないかもしれない。そこで各省の原局の予算係がこの百件を選択して予算を配分するのが箇所付けである。

当然、各自治体は、自分のところは削られたくないと思う。そこで、政治家の力を拝借するための陳情がまずある。が、これは今年度の予算の配分であるから、陳情の規模としては、そう大きいわけではない。

この箇所付けの内示が終わると、次はいよいよ来年度予算に目が向けられる。予算編成というのは、基本的に要求↓査定↓内示↓復活のパターンを各市町村↓各都道府県↓各省庁↓財務省という流れのなかで繰り返す作業である。

まず、各市町村はだいたい六月ごろまでに各課から上がってきた事業計画を査定し終え、来年度の予算計画をたて、それを各都道府県に上げる。

たとえば町が児童公園をつくろうと考えていたとしよう。その場合、町自体の財政力は知れているから、県や国から補助金をもらって足りないぶんを補充しなければならない。そこで児童公園を何箇所つくる。ついては用地買収にいくらかかり、施設の建設にいくらかかるという計算をし、各都道府県に対して補助金の要望を出すわけだ。

それに先立ち、町長は地域からいろいろな要望を汲み上げ、町長査定をする。もちろん、町には町の独自予算があるから、それの配分をめぐって、町役場のなかでも予算の取り合いが起きる。

「児童公園より福祉が先だ」「いや、下水道の整備が先だ」などと議論を重ねて、限られた予算の割り振りを決めていく。

こうして最終的に各市町村の方針が決まったら、今度は各都道府県の福祉関係だったら福祉課、下水道だったら下水道課というように、各セクションごとに補助金の要望書を上げていく。

この要望書が各市町村から全部集まったら、今度は知事が査定を行なう。知事に対しては国から「今年度の要望は、対前年比何パーセント増以内で上げるように」というシーリングがあらかじめ指示されており、それを超えることはできない。

ところが、すべての市町村からの要望を合計したら、その枠を大きく超えてしまう。そこで各市町村からの要望が知事の査定によって枠内に収まるように切り捨てられていく。こうして対前年度比の伸び率を国から指定された枠内に抑えた要望が、各項目ごとに中央官庁に、つまり、土木だったら国土交通省、福祉だったら厚生労働省に上がっていくわけだ。

これが毎年、おおむね八月の二十日前後に決定される概算要求予算だ。これが八月三十一日までに政府与党案として査定され、各省庁から財務省に概算要求書として提出されることになるのである。ここで永田町は第一次の陳情銀座を迎えるわけだ。

このように日本全国津々浦々から集まった要求が、自治体のさまざまなレベルを通して各省庁を経由し、財務省に上げられていく。「国家予算は一つひとつの積み上げである」といわれるのは、こういう背景があるからだ。

さて財務省では、やはりあらかじめ閣議了解されたシーリングの枠内で予算が編成できるよう、これまた各省庁からの要求に対して吟味に吟味を重ねなければならない。結局、十二月まで各レベルでの折衝が続けられ、十二月の二十日ごろに政府与党の了解を得て、予算の財務原案が内示される。そしてこの内示を受け、各省庁はただちに復活折衝に入るわけである。これは、読者のみなさんもテレビでよくご覧になることだろう。最後は、財務大臣と各省庁の大臣が折衝するアレである。

ここで永田町は第二次陳情銀座と化すわけだ。目的は一つ、いかに地元の予算を削られないようにするか、それしかない。

が、なかにはトンチンカンな先生もいて、何を間違ったか、この時点で予算成立後の箇所付けのために役所を歩き回っている。この時期、そんな話をしても、誰も相手にしてくれないんですがねえ。

ま、ともかく、こうして修正された最終案を財務大臣が閣議に提出し了解を取り、政府案として国会審議にかけられるわけである。

ちょっと長ったらしい説明になってしまったが、こうした予算に関する流れをきちんと把握し、地元民からの要望をいかに具体的に国家予算に反映することができるかどうかが、政治家の腕の見せどころだ。したがって、この予算がらみの陳情に政治生命がかかっているといっても、あながちいいすぎではない。

国会議員は、市町村レベルの査定が始まると、まずは自分の選挙区の動向をじっと見ている。この時点では、いくら自分が動いても、要求案がないから予算の取りようがない。さらにできあがった書類の流れを追いかけ、自分の選挙区から県に上がった要求案が知事査定の段階でスパッと切られないように、しっかり影響力を発揮する。

よく地元の要求は一億円だったが、県の段階で五千万円に削られてしまうということがある。いったんこう決まってしまったら、これを各省庁に上がった段階で復活させることは絶対にできない。すると選挙民に「知事が五千万円削ってしまったんだ」といくらいっても納得せず、

「あのセンセは地元に五千万円しかつけられなかった……」

となってしまうのである。地元の期待にこたえられないというのは、政治家にとって致命傷だ。

したがって政治家は、日本国のこの予算編成システムをよく理解し、どこをどう押したら影響力を発揮できるかを、よくよく理解していることが必要である。それがいいとか悪いとか、そういうことは問題じゃない。もう、そういう仕組みになっているのである。

それだけにいくら議員を四期、五期やったところで、与党経験がまったくなく、公園にブランコ一つつけられないというのは、永田町の番付でいうとまだ関取ではない、幕下の力士みたいなものなんです。

主計局の役人の名前がスラスラいえない秘書は信頼できない

次に予算に関する陳情をする側の注意事項を述べてみよう。

すでに述べてきたように、永田町の代議士、秘書のなかにはずいぶんといいかげんな人もいる。したがって、予算の陳情をする場合は、予備知識をしっかり蓄えておいて、彼らの知識がどれくらいかを試すぐらいのことが必要である。

そのためには、まず自分の通したい予算について、その要求書類がどういう流れ、タイムスケジュールで上がっていくかを頭に入れておく。次に財務省の主計局長以下の陣容の名前、あるいは自分の予算が関連する省庁のやはり局長以下の名前ぐらいは頭に叩き込んでおく。そして、実際、陳情に行ったら馬鹿になりきって秘書に聞くのである。

「ところで○○さん。この陳情というのは、財務省でいうと、どなたに頼みにいくんですか」

「主計局だよ、キミ」

「はあ、主計局ですか」

「主計局っていっても、普通だったら局長だから、主計局長だな」

「その下はどうなっているんですか」

「そりゃあ、主計局次長だ」

「するとやっぱり、私がお願いしている道路なんていうのは、次長さんあたりが担当してくれるんでしょうかね？　ちなみに次長さんというのは何人いるんですか」

とこの時点で、「次長っていうのは二、三人だな」とか「四人ぐらいかな」などとデタラメなことをいったら、もうこの秘書は何も知らない証拠だ。つまり実際に役所まで行って、折衝したことがないことを告白しているようなものなのである。

主計局の組織は、基本的にピラミッド型になっている。つまり局長の下には三人の局次長がいて、その下にさらに三人ずつの主計官（課長職）がいる。さらにそのまた主計官の下に主査、係長がいるという具合だ。

そこで、これらの役職の人名がスラスラスラッと出てくるようなら、まず信用しても大丈夫だ。が、このあたりの名前が出てこないようだったら、いくら胸を張って威張っていても、何も知らないダメ秘書だと思っていい。

要するに、陳情する側も、ただ漫然と陳情するだけではダメなのだ。自分が頼んだ要求を、役所のどこに持っていくべきかも知らず、ただ先生の事務所に行ってお願いしたからそれでいいと安易に考えていては予算はつかない。

ま、これはもうあらゆる陳情について同じことがいえますがね。

暇な先生のパフォーマンスにだまされるな

予算というのは、政治家が何もしないのに付いてくることもある。つまり、陳情者が自分の力で一生懸命努力して、県、担当省庁、財務省と、いろいろお役所を回って努力した結果、その努力が実るというケースである。

ところが、タチの悪い政治家は、それを百も承知でいながら、「予算が付いた」という情報だけは、いちはやく手に入れることができるものだから、自分の力でつけたことにしてしまう。「例の予算、いくら付く?」と、官僚に情報だけ聞いておいて、陳情者に「キミが陳情していた事案、ようやっと予算が付いたヨ」などといったら、陳情者は自分の力で予算を付けたのに、一生その政治家に頭が上がらないということになる。

これは裏口入学斡旋のパターンとまるっきり同じだ。

こういう先生は麻原彰晃《あさはらしょうこう》と根は同じである。自分の予言した地震が起きれば予言が当たったといい、地震がなければ念力で止めたという。つまり、どう転んだところで絶対に当たる。

こういうバカなことが頻発するのは、永田町がベールに包まれており、有権者に真実が伝わらないからだ。

私、バカっ話ばかりしているようですが、そういう意味ではこの本に書かれている情報というのは貴重なんですよ、ホントに。

そもそも、有権者の多くは「政治家は、全員が忙しいものだ」と錯覚している。一日二十四時間をフルに使い、精力的に活動している人たちの集団だと思っている。実際、永田町の先生のなかで「忙しいでしょう」と問われて、「いや暇だよ」なんて答える人は一人もいない。ところがですね、実際はみなさんが思っているほど全部が全部、忙しいわけじゃないんですね。暇な議員も何割かはいるわけです。

たとえば、ある議員は支持者団体の会合に出席するとき、必ず時間に遅れて登場し、

「すいません。ほかに用があったもので……」

といってから席に着く。これは自分が暇なことを隠す、実にくだらないパフォーマンスだ。こういう人にかぎって、ホントは暇で暇でしょうがないんですね。

別の議員は同じような状況で、事前に秘書に、「いいか、三十分たったら『次の時間です』とオレにいいに来るんだぞ」といい含めておく。そして、三十分たって秘書が、「代議士、そろそろ次のお時間なんですが……」といいに行くと、「こんな大切な会合をしているときに、キミは何をいっているんだ！　この馬鹿者が!!　次の会場に行かないで選挙に落ちてもいいんだ。こっちのほうが大事なんだ」と真っ赤な顔をして怒り狂う。これには周囲の人たちもびっくり。「オラがセンセは大事な会合をすっぽかしてわれわれと会ってくれているんだ」と思い込み、「先生、今日はお忙しいなかを本当にありがとうございました。もう私たちは先生のお気持ちだけで十分ですから……」

「いやいやそうかね。これは本当に申し訳ない。（秘書を見て）コラッ、キミは本当にどうしようもないな。見ろ、へんなことをいうから、みなさんに気を遣わせちゃったじゃないか。しようがないヤツだ。じゃ、行こうか」

といって、後は家に帰って寝るのである。

おおかたの有権者は、こうしたパフォーマンスにだまされてしまう。しかし、よく見るといい。永田町の先生は、誰を見ても艶のいい顔ばかり。目の下にクマができている人なんて滅多にいない。いたとしても大抵は飲み疲れだ。これは秘書とて同様である（もちろん、わが先生のように本当に真面目に政治活動をしている議員だっています）。

にもかかわらず、「議員は忙しいもの」と思ってしまうのは、有権者、とくに陳情をする側がそう思い込みたがっているからにほかならない。

「オラがセンセには神通力がある。スーパーマンだ。センセが役所にいってくれれば、この陳情は必ずとおる。だから大丈夫だ、心配することはない」

こういう思考展開になってしまうのだ。すると政治家のほうも、一生懸命、期待に応えてスーパーマンを演じようとするのである。でないと、次の選挙で落ちてしまいますからね。

田中角栄が永田町で尊敬された本当の理由

官僚というのは面白いもので、新しい政策を立ち上げようとするとき、なにやら新しい言葉を持ってきて、それをコンセプトに据《す》えようとする。「マルチメディア」などがその典型であろう。この言葉、いまでこそ誰でも口にするが、最初に登場してきたときは、いいだしっぺの当の郵政官僚だってチンプンカンプン。ちゃんと説明できるのは一握りにすぎなかった。それだっていまや「IT」にとってかわられている。「リダンダンシー」というのもあった。阪神大震災から数ヵ月を経て、復興計画を策定している折りに出てきた概念だ。

これ、要するに「余裕」という意味らしい。

あの大震災発生直後、たとえば幅六メーターの道路へ幅十メーターの道路でも処理しきれないようなクルマが流れ込み、救急車や消防車が機動的に動けなかった。そこで、いままであった道路に加えて、もう一本道路をつくっておき、いざというときのためのリダンダンシー、余裕を確保しておこうというのである。

これは何も道路だけでない。町づくり全体にリダンダンシーを持たせようということらしい。これがこれからの政策のキーワードなのである。したがって、当時の建設省（現国土交通省）の文書のなかにはやたらに「リダンダンシー」という単語が登場する。

すると勘のいい秘書は、

「このリダンダンシーという活字に、何百億円という予算が埋まっているナ」

と直観する。予算の折衝には、こういうことを嗅ぎ取る嗅覚が必要なのだ。

これは別に難しいことではない。日ごろから新聞をよく読んでいれば、いろいろと勘づくことは多い。官僚のちょっとした発言内容を見て、「これ、もしかしたら予算のときにいけるナ」と、活字の裏の金額を読み取れるようにするのが、プロの秘書たる者が心得るべきコツである。

しかし、実際、いまの永田町でそこまでできる秘書はごく少ない。よほど嗅覚がいいか、経験がなければ、こうした先読みはできるものではないからだ。

その点からすると、故・田中角栄元総理大臣というのは、われわれ秘書の立場から見るとまさに教祖様といっていい。ま、もちろん評価がいろいろと分かれることはわかっているが、こと、河川敷を土地にしたり、海の上を国道にしてしまう発想、手腕は、天才的としかいいようがありませんな。

政治家やその秘書は、東大出で頭の切れる官僚が素晴らしいなんて思っているようではダメだ。そんなことをいうようでは、自覚が足りない証拠である。

官僚というものは、法律を逸脱した行動は絶対にとらない。彼らがいかに優れているといっても、彼らは法律の範囲内で、重箱の中を動くだけだ。もし、その重箱が間違っていると思ったら、法律という名の新しい重箱を作るのが、立法府の国会議員の役目なのだ。

政治家とは、法律の枠組みから超越したことを考え、従来の常識から逸脱したことができる存在なのだ。誰もが法律の枠組みのなかで行動することを義務づけられるなか、そこを超えたことを考える。そこが政治家や秘書の最高に面白いところなのである。

予算の裏づけとは何か？

政治家の秘書として男冥利に尽きるのは、地域の一つの声を聞いて、それを実現するため、人にはいえない「予算の裏づけ」をつけることにある。ま、それがいつもうまくいくとはかぎらないが、成功したときには本当に気分がいい。その仕事は結果的には、議員の実績になるわけだが、そんなことは関係ないのである。

実際、国会議員が予算のうえでイニシアチブをとれるのは、一つの行政単位、たとえば町レベルでも二割に満たないぐらいのものだ。政治的判断が求められる最重点の難しい問題以外は、役人と役人の話し合いでだいたいケリがついてしまう。それでも、その二割で大きな仕事ができればこれは大したものだ。

そういう例を次に紹介しよう。これは私の秘書仲間のA氏の話だ。

かつて中曽根《なかそね》政権下でのこと、臨時行政調査会、通称中曽根臨調で出た答申のなかに、海運局の出張所は昭和六十一年までに廃止するという一項目があり、これが閣議決定された。海運局というのは、ふつう、県庁所在地の市にあるが、その出張所はたいてい代表的な漁港の近くにあった。漁に出ていた船員は、港に戻ってくるとその出張所で船員証を見せ、新たに証明書をもらうとまた出漁するのである。A氏の先生の選挙区にも有名な漁港と海運局の出張所があり、多くの漁船員が利用していた。ところがこれが閉鎖されてしまうとなると、いちいち海運局がある市まで行かなければならない。が、それだけで一日仕事になってしまい、時間の無駄だということで、地元の市議会や漁業組合では大問題になったそうだ。当然ながらA氏のもとへ陳情団が連日、押しかけてくる。近海のイカ釣り船の漁師から遠洋のマグロ漁船の乗組員までがやってきて「なんとか出張所を残してくれ」と、懇願《こんがん》するのである。この件は地元の新聞でも大きく取り上げられた。

この問題を解決したのがA氏である。彼は地元の市長のところに行って、

「廃止なんて冗談じゃない。昭和六十一年までに出張所を支局に昇格させる陳情を大蔵省や行政管理庁にしてください」

といったのだ。すると市長は、

「何をいってるんだ、あれはもうすぐ廃止になるんじゃないか。それなのに支局に昇格させるなんてできるわけがないだろう。どういうつもりでいってるんだ」

いですか」

「たしかに廃止を特別に延長してくれと国にいっても無駄ですよ。廃止は廃止でいいじゃな

「何をいってるんだキミ、ますます冗談じゃないヨ」

しまいに市長はえらい剣幕で怒りだしたそうだが、それにも構わず、

「そうじゃないんです。六十一年に廃止なんだから、それまでに出張所を支局に昇格させちゃえばいいでしょ。ほかの出張所がどうなろうと関係ないです。うちの港だけやっちゃえばいいんですよ」

「なんだって?」

「だってそうじゃないですか。決められたルールに従って、それを逆手に取ればいい。臨調の答申では支局までは残すということになっているのだから」

そして市の政・官・財が一体となった陳情攻勢が始まった。結局、これが実を結び、行革がらみで国の出先機関の統廃合が相次ぐなか、異例の逆転劇で出張所から支局への昇格が決定、大蔵省の予算が立派につくこととなった。

これには地元の漁民も大喜び。官僚との知恵比べに勝ったA氏は、かくして地元漁港周辺では神様とあがめられるようになったとか。

なにごとも知恵。知恵さえあれば、あなたや私でも官僚に一泡吹かせることは十分可能だっていうことですなあ。

勲章は蓮《はす》の台《うてな》の予約券

人間、功なり名をとげると、誰しも無性に欲しくなるのが勲章である。わが日本国では年二回、天皇陛下の名において、国民のなかから選ばれた者に叙勲が行なわれる。これに先だち、選挙区の後援者が叙勲のノミネートを受けられるよう、霞が関の関係省庁をあちらこちらと奔走するのは秘書の大事な仕事である。

叙勲が決定されるルートはおおよそ次のようになっている。

各市町村、都道府県、各省庁には栄典専門の担当者がいる（これは秘書課や人事課、あるいは庶務課などに置かれていることが多い）。そこで、まず各市町村でノミネートされた人（農協や消防団、教育委員会といった各団体から推薦された人）の名簿が作られ、都道府県に上げられる。都道府県ではその名簿をもとにふるいにかけ、都道府県としてのノミネート・リストを作り各省庁に上げる。

もちろんこの各省庁とは、叙勲推薦者となんらかの関係があるお役所である。たとえば、建設関係者なら国土交通省、教育関係者なら文部科学省ということだ。そこでまたふるいにかけられ、最終的に残った人が大臣の推薦を受け、その名簿が内閣府の賞勲局にさらに上げられて、最終的に叙勲者が決定されるのである。

この過程は、国家予算を決めるのとよく似ている。

さて、叙勲は春と秋に行なわれるが、秋の叙勲者についていえば、その年の三月上旬が市町村から叙勲候補者を都道府県に上げる締切り日である。ということは、実際にはそれ以前の二月ごろには候補者名簿ができあがっていなければならない。要するに叙勲の候補者選びは最終的に新聞に発表される一年ほど前から、すでにスタートしているのである。

この名簿作成が始まるころ、永田町の秘書たちは、大事な後援者がうまく勲章を取れるように根回しをしなければならない。

では、叙勲にはどんなメリットがあるのか。結論から先にいうと、現世的なことではほとんどないも同然である。文化勲章と違って、恩給、年金としてハネかえってくるわけではないのだ。それでも勲章が欲しい理由は、それが蓮の台の予約券だからである。勲章はこの世の法律ではなく、いってみれば戒名みたいなものだ。つまり、まだ行ったことのないあの世に着いたとき、自分の蓮の台だけはちゃんとキープしておきたいという、要は気持ちの問題なのである。

天皇陛下の権威というのは、この世だけでなくあの世でもすごいものだ。

これは、ちょっとした偉い人の葬式などを見るとわかる。こういうとき、天皇家からは勅使が香典を持ってやってくるのだが、その香典袋が少々変わっている。ふつう、われわれ下々の者は「ご霊前」と書いてある下に名前を書くが、天皇家の香典袋は上のほうに「天皇陛下」と書かれているのである。すなわち天皇陛下のほうが仏様より偉いのだ。

たとえば弘法大師の「大師」、いわゆる大師号は帝《みかど》から賜《たま》わったものである。この大師号は坊主のなかでも最高のものであるからみんなが欲しいが、そうやすやすと手に入るものでない。仏門のなかで相当の地位まで昇った有名な僧侶でも、亡くなると天皇陛下から最初に賜わるのは「号師号」だ。この号師号を得た坊主は、さらに百年、二百年とたってはじめて、天皇陛下から大師号を賜わって「大師」となる。つまり天皇陛下は神や仏の世界の人にも叙位を行なうわけである。

これと同様に、叙勲された者は死後に位がつく。いわゆる「従三位」とか「正三位」などと呼ばれる席次だ。

この順番は、当然ながら一位が天皇皇后両陛下、二位が皇族、三位からが平民ということになっている。たとえば、勲一等をもらった人だと従三位か正三位あたりだ。つまり、もらった勲章に二を足すと、位がだいたいわかるということになっている。そして位が、死んだ後にも席次として有効であり、蓮の台の序列を定めているわけだ。

ということは、一生、叙勲なんぞに縁のないわれわれ庶民は、あの世に行っても席がない。つまり浮遊霊みたいなものになってしまうんでしょうな。

昭和二十八、九年ごろの国会の議事録を読むと次のような論議がなされている。

「金鵄《きんし》勲章《くんしょう》とは敵軍を国家、国民のために大量に殺してくれたことを讃えた叙勲だ。しかし、戦時中に叙勲されて兵隊に行き、生き残って帰ってきた人というのは、戦争を適当にサボッたということじゃないのか」

つまり、戦前の政府は、「お国のために死ぬのだから」という理由で、兵隊に叙勲をするケースがあった。たとえば硫黄島《いおうとう》のようなところに行ったら、まず確実に戦死するであろう。そこで、そういうところに送られる兵隊には、前もって勲八等あたりが与えられたのである。いってみれば、冥土《めいど》の土産である。

ところが、運良く生き残って奇跡的に日本に生還してきた人がいる。いまでも戦時中に勲六等やら勲八等をもらったという人がいるけれども、これは冥土の駄賃をこの世に持って帰ってきてしまったんじゃないかというわけだ。

ま、私なんぞはただの庶民だから、生きて帰ってきてよかったじゃないか、と思うけれども、勲章をもらうような人たちには、また別の感想があるのかもしれません。

より高い勲章をもらうためのテクニック

ところで、叙勲へいたる道はもう一つある。

各市町村、都道府県を介さず、業界団体から直接、関係省庁に推薦を出す場合だ（そこから先は前のルートと一緒）。これは全国的な団体が推薦するケースで、たとえば繊維業組合のような団体が直接、関係省庁を介して推薦者を上げてくるのである。

この種の団体は、それこそ「仕事あるところ団体あり」といっていいほどきわめて数が多く、しかも一つの企業がいくつかの団体にまたがっており、また監督官庁も異なっていることがある。こうした場合、所属する複数の団体のうち、どこから推薦をもらうか、どこの省庁へノミネートしてもらうかで、叙勲のランクも微妙に違ってくる。後援者のために一つでも上の勲章をとってこようという秘書なら、そこのところのツボをよくよく心得ておかねばならない。

たとえば川原で砂利を採取している採石業、いわゆる砂利屋さんの場合——。川砂利の採取というのは、全国の河川を管轄する国土交通省の管轄である。しかし、同時に採石ということになると、これは経済産業省の住宅産業窯業《ようぎょう》建材課が管轄でもある。なぜならば採取した石は、機械によってＪＩＳ規格にそってより分けなければならないからだ。となれば、これは経済産業省ということになるのである。

では、砂利屋の社長さんは、国土交通省と経済産業省、どちらに推薦してもらえれば、よりランクの高い勲章をもらうことができるかというと、これはただ砂利を採取するより、分ける手間がかかるぶんだけ、経済産業省に軍配が上がるのである。具体的にいうなら、国土交通省だと勲五等瑞宝章しかもらえないが、経済産業省だと勲五等旭日章と、ランクが一つ上がるのだ。どちらがいいかといえば、これはもういうまでもない。

このように同一人物でも、どういう視点から評価するかで、叙勲のランクは変わってくる。そうして各省庁からノミネートされると、最後は内閣府の賞勲局で、過去の先例に照らし合わせてポイント計算し、叙勲のランクを決定するのである。

したがって秘書は、最後には賞勲局の役人とわたり合うことになる。とかく役人は先例に縛られるものだが、叙勲の場合はとくにこの先例というヤツがものをいう。しかし、だからといって黙って指をくわえていては話にならない。後援者には、より高い勲章をとってもらうことがなんといっても大切だ。というのは、次のようなことがあるからだ。

仮に同じ選挙区内のライバル陣営の後援者で、そろそろ叙勲のことが気になりはじめている人に会ったとしよう。そうしたらとりあえず、

「そろそろ叙勲じゃないですか？　そうでしょう。○○さんなら勲五等はもらえますね」

などとカマをかけてみる。実はその人、経歴を見るかぎりは勲六等が精一杯だ。ところが一つ上のランクをいわれると、とたんにこちらの陣営にグラッときてしまうのである。ことほどさように勲章というのは魅力的なんですな。

それだけにわれわれ秘書も必死で役人と掛け合うことになる。

たとえば前出の人のように、どんな省庁から推薦を出しても、先例からいって勲六等が精一杯の場合――。こういう屁理屈で賞勲局の役人にねじ込むこともときには可能だ。

「いいか、あっちの役所から推薦しても勲六等、こっちの役所から推薦しても勲六等。だったらな、二つを足して勲五等瑞宝章じゃないか」

これで本当に勲五等瑞宝章がとれてしまった例もある。ただし、この場合は叙勲の申請を出している役所だけでなく、公職に関連する他の役所（先の砂利屋さんの例でいえば、経済産業省から申請を出したとすれば国土交通省）から副申《ふくしん》を出さなければならない。この副申の数

は関連省庁であればいくつ出してもよい。つまり政治力のみで勲章をもらえるということは絶対にないんですね。

それに、いつもこんなにうまくいくわけではない。普段はそれこそ先例との戦いだ。いろんな資料を引っぱり出して、「こんな人でもこんなランクの勲章をもらっているのか」という事例を探してみたり、たいへんなものなんです。

駐車違反をしただけで叙勲はご破算になる

叙勲の大前提として、ノミネートされた人は、日本国の法律を、遵守《じゅんしゅ》していなければならない。

これはもう厳しくチェックされる。たとえば過去三年間に道交法違反の事実があれば、それだけで候補者リストから外される。たとえ駐車違反一回でもだ。

あるいは自分の経営している会社に脱税で税務調査が入ったり、人身事故が起きて労災申請が認められたりすればもうパーとなる。労働基準監督署から罰金刑でも受けようものなら、もうその会社の社長は勲章には当分縁がない。

勲章にふさわしい人というのは、なんぴとからも「あの人ならもらって当然である」と称賛され、かつ批判されるようなことなど絶対にない、という人物でなければならないのである。それだけに勲章が欲しいとなれば、ふだんから身の処し方にはよくよく注意しておかねばならない。

お役所で叙勲推薦者の検討を行なっている時期に、第三者から「彼はこういう悪いことをやっている。こんな経営者を叙勲など絶対にしてはならない」といった投書がきただけでも、前途は相当に暗い。

社名を挙げれば誰でも知っているある有名メーカーの社長は、叙勲決定直前に、「この会社はダンピングをしている疑いがある。そんな会社の社長に何が勲章だ」という投書が舞い込んだことで、すべてがご破算になってしまった。要するに履歴に瑕疵《かし》があることがわかったら、その時点で候補者リストから名前が消されてしまうのである。

それだけに審査の時期ともなると、叙勲候補者は必死である。この時期、「あんたの会社のことをお役所に投書しようかな」などと冗談をいったらたいへんだ。なにせ「手紙一枚ですべてパー」の世界である。これはもう冗談になってませんな。

それにしても、何が瑕疵になるかは、その時代、時代によってもずいぶん違う。

環境、資源問題が深刻化してきた昨今では、以前なら産業界の発展に尽くしたということで叙勲の栄に浴したはずの人が、公害をバラまいた企業の責任者としてリストから外されてしまうこともある。

もっとも、環境問題を逆手にとって、うまくやった人もいないではない。

これは聞いた話だが、ある温泉協会の会長さんが叙勲のことで永田町に陳情にやってきた。ところが話を聞いてみると役所に推薦するための資料となるようなものがほとんどない。あるのは旅館のパンフレットだけ。普通は推薦する人物の業績を誇示するためにバックデータを揃えるのだが、それが何もないのである。

ところが、陳情を受けた秘書はえらかった。これを逆手にとって、

「確かに資料は何もない。が、これは悪いことをしていない何よりの証拠じゃないか。いまや地下水一つとっても、やれトリハロメタンだのなんだのと、環境庁にさまざまなデータが蓄積されているが、温泉を掘っても、やれリューマチに効くだのといった素晴らしい話ばかりで、悪い話はゼロだ。そもそも、温泉というのは自然を維持していないと成り立たない。つまり、資料がないのは自然破壊をしていないということなんだ。こんな素晴らしいことはないじゃないか」

こういって役所を攻めたのだそうだ。

で、結果はなんと勲三等旭日章。これにはもらったご本人もビックリだったそうな。もっとも念のためにいっておきますが、この人は県会議員に何度も当選した実績があっての話ですがね。

ここまで、ちょっと特殊な事例も交えて話してきたが、ま、実際のところは勲章のランキングは、出身団体、法人によってほとんど決まる。つまり、先例によって、法人、団体ごとに、ランキングが決められているのだ。それでも、ワンランクでも高い勲章が欲しいのが経営者というもの。

ある運送業者の社長が叙勲を希望していたとしよう。

この場合、まず問題となるのはその業者が路線業者か、地域業者かということだ。路線業者とは全国にまたがって運送業を行なっている、つまり日通とかクロネコヤマトのような業者だ。こうした全国路線を持つ路線業者に対し、東京、横浜、福岡、広島など、それぞれの地域で営業を行なっている業者を地域業者という。こうした地域業者のなかにも、各地域に子会社をたくさん持っていて、それを合わせていくと下手な路線業者よりずっと規模が大きくなる会社もある。

ところが同じ運送業者でも、路線業者なら四等をもらえるのに、地域業者は五等から下と決められている。規模からいったら、路線業者に遜色《そんしょく》ないにもかかわらずである。この場合、スタッフが永田町の秘書を巻き込んで、「各連結子会社を合算すれば、実質上、路線業者と同じである」と関係省庁の担当者にうまく説明すれば、勲四等が手に入る可能性は十分あるのである。このへんの説得については、永田町の秘書軍団がおおいに力を発揮するところである。もし、ここで説得が功を奏すれば勲四等、失敗すれば勲五等というわけだ。

履歴上の瑕疵にしても、修道院じゃあるまいし、実はまったく問題のない法人なんてものは、そうそうあるものではない。そこで、いかに発生したトラブルの責任を社長以外の人物が負うか、これも側近の手腕一つにかかっている。ここで社長の側近や総務担当者が有能かそうでないかで、事態は大きく変わってしまうのだ。

たとえばトラック運送の会社が、高速道路でトラックが横転し、積み荷をバラまいてしまったとする。この事故の結果、当該車両のナンバーが一定期間、業務停止ということで切られてしまうか、あるいは始末書だけですむかで事態は大きく違う。

もし、ナンバーを切られたら、ペナルティを受けたことになるから、もう叙勲は絶望的である。従業員が犯したまちがいだといっても、労務管理がしっかりしていないからということになってしまうのだ。

ただし、このときに総務担当役員あたりが「すべて私の責任です」と罪をかぶれば、真っ暗闇のなかに一条の光が差し込んでくる可能性はある。

またトラックが踏切でJRの列車にぶつかったとする。この場合、事故の起きた時間帯が通勤時間帯だったか、そうでなかったかでも、事態はまた違ってくる。営業損失の度合いが違うからだ。通勤時間帯に起きた事故なら、JRは振替輸送をしなければならない。しかし、もし、通勤時間帯を外れていたら、事故にあった電車は回送電車になるだけですみ、営業損失は少ない。車両が受けた損傷の度合いは同じでも、営業損失はおおいに違う。

事故が起きると、ＪＲの「事故速報」に、「ロザ、ハザの車両がどう損傷した」と載せられるが、ここで振替輸送が記録されると、そうとう大きな事故だったことになる。しかし、回送電車ですんでしまえば、軽微な事故である。同じ事故でも時間帯によってペナルティがだいぶ違うのだ。

側近が、こうした事情をよく知っており、その処理の仕方を心得ているか、いないかでは、ことは大きく違ってくるのである。

叙勲者名簿の発表と同時に大騒ぎになる永田町

全国から上がってきた候補者名簿が何度もふるいにかけられ、最後に内閣府賞勲局で決定される。すると、ここで本人に内示が行なわれる。つまり、叙勲される本人にその意思があるかどうかを確認する作業である。世の中、誰でも勲章を無条件に喜ぶかというと、そうではない。なかにはこんなものはいらないと、怒りだすヘソ曲がりもある。ノーベル賞はもらうけれど文化勲章はいらないという作家がいましたな。ま、これは文化勲章ですが、普通の叙勲の場合、「そんなものはいらねえ」と拒絶されるわけには絶対にいかない。こんなことになったら恥をかくのは、最終的には天皇陛下ですからね。

こうした確認と並行して、前述したように叙勲候補者の瑕疵を調べ、問題なしとなると、ようやく叙勲は決まりだ。年によって違うが、だいたい二千八百人ぐらいから四千人弱の叙勲者名簿が作られ、閣議にはかられることになる。この分厚く、細長い名簿は、通称「電話帳」と呼ばれているのだが、これが閣議で了承されると、いよいよ発表となる。

毎度のことながら、秘書は叙勲が決まった後援者にお祝いの電報を打たなければならないし、いろいろな連中がドタバタと動き出す。なかには閣議決定された叙勲者名簿をいち早く手にいれると、すぐ贈答品屋に売り飛ばす奴もいる。贈答品業者はこの名簿をもとにして、茶碗だの壺だの、祝賀用の贈答品の営業を始めるからである。また、ホテルの宴会場の営業担当者なども、この名簿をいかに早く手に入れるかで必死となる。

なかにはこの閣議決定の段階で、いちはやく叙勲者に「代議士が努力した結果、叙勲が決まりました」と電報を打つ秘書もいる。しかし、本来、叙勲の正式な発表は新聞発表の日である。すなわち年賀状でいえば、新聞発表の当日が一月一日の元日にあたるわけだ。その正式発表の一ヵ月も前に電報をもらうのは、年の暮れに年賀状が届くようなもので、なんとも間が抜けている。こういうときは、さりげなく知らせるのが筋である。

また、入学の斡旋と同じで、実際には何もしてないくせに、内示の当日に情報を手に入れて、「今日、これから連絡がいくと思いますから」と、さも自分が根回ししたかのように電話を入れるケシカラヌ輩もいるがこれは謝礼が目当てであることはいうまでもありません。

第5章　大臣への道

ますますキビシイ大臣への道

二大政党時代の永田町は、簡単にいうと与党・自民党と野党・社会党という構図だった。そんな時代には、大臣や各委員会の委員長、政務次官など世間でいう「いいポスト」を与党はいろいろと取れた。代議士OBを審議会の委員にすることもできた。一方、野党に閣僚ポストはない。ただし年に二回、衆参の委員会の委員長や常任委員長、特別委員長などのポストをもらっていた。

その中の最高ポストとも言える大臣には、どうすればなれたのか。かつては二十一省庁あったから代議士二十人に一人というのが原理原則だった。そうすると、四十人の派閥だったら二ポスト回ってくる。百人だと五ポスト。もっともこれは衆議院の話で、参議院は別だが。

では、派閥に属していたら、いずれ大臣の順番が回ってくるかというと、必ずしもそうはいかない。期待されている人を押しのけて、派閥の親分の受けがいい人が大臣になったり、相当の当選回数がありながら、大臣を一回もしないで辞めていく政治家がものすごく出たこともある。

いずれにしても二十人に一人という確率は変わらない。だから、代議士が〝脱藩〟というか派閥を出ると、新たな集団をつくろうとするけれど、大切だったのは二十人以上いるかどうかということ。そうでないと、大臣ポストを要求できないのだから。

かつて小沢一郎が八党を束ねて細川政権をつくった。その時でも、おおむね二十人に一人の割合で各党に大臣ポストを割り振った。こうして見ると、八党といっても実際は自民党の派閥と同じだったことがわかる。

今年から一府十二省庁となり、大臣の椅子は約三十人に一人ということになった。従来のような順送りはもう無理だ。大臣に一回もなれず引退という代議士も増える時代になる。大臣病のセンセイには辛い時代ですな。

さて代議士が大臣になるには政策通になるのが早道。そして政策通になるには、委員会、政務官、党の政務調査会をずーっと同じ分野でやっていくのが一番だ。政務官はあっちをやった、委員会は違うところをした、となると、本籍と現住所がわからなくなる。そんな場合、経歴はものすごく多いけれども、どの分野に力があるのかわからない。よくいえば全方位外交だが、薄く広くとなると、それぞれの分野で相手にされているのかいないのか、わからない。実はこれはあまりよくない。期待されないのだから。

ただ、選挙の時には、有権者から見ると何でもやっている先生っていうことで意外と票が集まるかもしれない。こんなことは有権者自身知らないのではないだろうか。

チラシを見ると、立派な経歴を、お経みたいにいっぱい書いているのがあるが、あれはどうかと思う。やたら肩書があるということは、何でもできるはずだが、実際は得意分野は一つもないというのが現実なのだ。

ここでわかりやすくするために、大臣を支える政務官、かつての政務次官の重さを叙勲で比較してみよう。

大臣一年に対して政務次官を二年やれば、叙勲規定によればだいたい同じ重さになる。つまり政務次官は大臣の二分の一の重さになるわけだ。世間から見ると盲腸だといわれることすらあった政務次官だが、叙勲制度からいうとけっこう重いポストなのだ。

実際、政務次官でもすごい実力者が出ることがあった。大臣が病気がちの場合、政務次官が大臣の代行をするから力がつく。運輸大臣が職務を遂行できないため、政務次官だった佐藤孝行が力をつけた、などの例である。あるいは、情けない話だが、マスコミの社会部に追いかけられて大臣がまったく機能しない場合も、政務次官が代わりにいろいろやるから力がついた。

将来、総理総裁になるかもしれないといわれる大臣につく政務次官は、ずっと親子みたいについていけばよかった。過去仕えたという主従の関係があるのだから、もし〝親〟が内閣総理大臣になれば、〝子〟は抜擢してもらえる。あるいは、まったくのダメ大臣についた時でも、力がつくから、やはり将来伸びる。政務次官のポストは、将来の道に大きな影響を与えたのだ。

一府十二省庁になり、新しく「副大臣」が大量に設置された。今年からはどのように変化していくのか……。国民にとってプラスかマイナスかは、これからですな。

委員会はどこがいいんかい

通常、当選を五期重ねると大臣になる。早ければ一期目の後半くらいになると、政務官だ。この時点でもうすでに将来の行方が左右される。

族議員はよくないと言われるが、裏返せばそれは政策通ということだから、やはり〝本籍〟と〝現住所〟がどの役所かわからないようでは意味がない。

委員会の場合、当選間もない代議士が予算委員会というのは絶対無理だ。逆にいうと、大所高所からやっている竹下さんや中曽根さんが「今日は委員会があって」と毎日出るということもない。

若手が懲罰委員会や決算委員会というのも無理。というのは、これらは一年間ほとんど開かれない。開かれても一国会で二回くらいだし、それも五分ほどで終わる。懲罰委員会は悪い国会議員が出ないかぎり開かれない。そこで、与党なら総理級の人、野党なら党首級、それから議長経験者などが入ってほぼ定員になる。

これは最高にいいポストだ。しかし、当選したばかりの人間がそんな委員会に入ったら次の選挙では落選する。文教や大蔵、外務などどこかを選ぶことになる。その段階で、建設を希望していながら文教に行くこともあるし、厚生委員会から厚生労働大臣のルートを目指そうと思っても、農林委員会に進むこともある。

所属する派閥が割り振っていくから、一つの委員会に希望が多いと、運不運が出てしまう。「私は農林をやりたくない。厚生労働をやりたい」と叫んでも、回ってこないことがある。委員会は農林だが、党の政調会では建設の勉強をして、政務官になったら外交に進んだというような場合、「あの人は農林一本だよ」とか「外交一筋」などの専門分野を持てない。

前項でもいったが選挙の時にパンフレットの経歴を見ると、いっぱいいろんな分野の肩書きがついていたりする。それをプロが見ると、「何だこれは」ということになる。あっち飛びこっち飛びでは中途半端だ。

大学でさえ専攻課程を一つ決める。それを文学部から法学部、医学部、理工学部といろんな学部を渡り歩くようなものだ。その結果、得意科目が何もないという国会議員もまた、いっぱいいる。それよりは、一つの道で自分の軸足や骨になるものを築き、そのうえで大臣になるまでは予備的に幅を広げるというのが一番いい。

だから、建設委員会に入りたかったが文教に回ったという場合、それはそれで神様のお告げだと思ってその委員会で一生懸命にやって、当選三回目になったら文部科学省の副大臣をやって、とりあえずそこで「あいつは文教族だ。真面目だよ」といわれるくらい一生懸命に雑巾掛けや勉強をする。五期くらいで文教に関する相当のスペシャリストになっていれば、大臣候補になった時、文部官僚から「あの先生は文部科学大臣になったらいいな」と期待される。「あの先生は頭脳明晰。場数も踏んでいる。歴史もわかる。わけのわからない先生がくるより俺たちはずっと楽だ」ということになるわけだ。ところがいろんな分野を歩いた先生が大臣になると、官僚は「参ったなぁ～」となる場合がある。そんな大臣にレクチャーするのは、幼稚園児に大学の方程式を教えるようなものだから、これほど大変なことはない。

大臣が国会で答弁するとなると、官僚はハイレベルの答弁書をつくって大臣にしゃべってもらう。表面的には答弁できるが、「その心は何ぞや」と突っ込まれた時、レベルが幼稚園以下では話にならない。追加予算を「おいかよさん」と読んでしまった大臣がいたが、まさしくそのレベルでは役人もたまったものではないのだ。

あまりに涙ぐましくて……

ひと昔前は大臣になるために、候補者はその裏ではなりふり構わずいろんな動きをしたものだ。派閥の親分に花を贈ったり、それでも心配だから豚だか馬だかの肉を一頭分届けた。それで当時、農林大臣を狙ったらしいが、発表された閣僚名簿には入っていなかったなんて話もある。

人事の季節になると、秘書だろうと食堂のおばさんだろうと頭を下げてしまう政治家もいる。新聞記者の間でも有名で、あの人が頭下げだすと、ああ人事だな、ってわかるくらいだ。

ところが誰も相手にしない。相手にしないから、その政治家は余計に歩く。余計に歩くから、もううるさくて、誰もかれもが「もういい」って逃げてしまう。逃げるから、余計にまた追いかける。これが朝から夜まで続く。ひどい時は、所属している派閥がどこだかわからなくなるくらい、総裁派閥から少数派閥まで、力を持ってるところをすべて横断する。人事の季節になると、わが先生にも何か理由をつけて会いたがる。「人事のことだったらもうわかってるからいいよ」と断るのに、それでも来る。

ところが人事が終わると、もう知らん顔だ。大臣になれてもなれなくても、胸を張って歩いている。

そんな先生だから、どの省庁も「頼むからあの人だけは来ないでくれ」と願っている。この先生は閣僚級の当選回数になっても、頭にくるとすぐに、役人に対して「国政調査権で」といって怒るらしい。国政調査権というのは、議員個人に与えられていない。国会の委員会に与えられている権限なのだが、それを知らないで、今でもそういう。そんな先生のところに役人が行くのは、否応なしに呼びつけられた時くらいだろう。

実はこの先生、そろそろ大臣になってもいいくらいの当選回数だけに、派閥では困っていた。どうやって処理するか。これは大変だ。ところが二〇〇〇年の総選挙で落選……。

さらにもう一つ。勲一等をもらった先生だが、かつては初入閣したくて派閥の親分の自宅に行き、奥様にカトレアの花を届けた。「××先生」と書いてあるその下に、親分が同じ選挙区で争っている別の派閥の親分あての帯をつけたまま渡してしまった。奥様が、「あ、お忘れです」と言って追いかけ、車まで持って行ったら、車の中にカトレアの花がまだ五つもあった。ということは、たぶん四派閥すべてを歩こうとしていたのだろう。この件以来、「カトレアの君」と呼ばれるようになったその先生は、結局晴れて○△大臣になった。

さて通常、利口な派閥の親分になると、閣僚候補のリストは二枚つくる。ブンヤさん用には、数多くの名前を書いたリスト。官邸用には、絶対入閣させたいと思う人物を絞り込んだリスト。

たとえば、実際には入閣候補として三名しか要求してないけれど、かわいそうだからと七名ぐらいの名前を番記者に漏らす。表向きは、これだけ要求しているというポーズになる。

また、ポーズだと十分承知しながら、名前が出るだけでもありがたいという代議士がいるのも事実。実際には大臣になれないと自分は分かっていても、「頼むから名前だけでも出してほしい」といってくる。そのあと大臣になれなくても、「もうひといきだったのに残念でした」ということで、有権者も納得してくれるというわけだ。これが普通のやり方なのだ。

どの代議士もリストにのるためにはあの手この手を駆使する。派閥で政治資金集めのパーティがある場合は絶好の自己ピーアールの機会だ。同じ派閥内で自分と同様に大臣候補にノミネートされている議員がわかるから、抜きん出るためにがむしゃらに券を売って派閥に貢献してみせる。ほかの同僚が三百枚売ったら、自分は一千枚売る。と同時に、同じ派閥内の同僚議員のパーティ券まで買えるだけ買う。

冠婚葬祭当たり前。困ったことが起これば飛んでゆく。ありとあらゆることを全部やって、敵をつくらないようにしておくわけだ。

自民党のトップである総裁候補になるには、バッジの数つまりどのくらい議員を押さえるかが重要になる。その前提が派閥だ。となると、みんなの人事の希望をうまく実現していくことが、最高の味方づくりになる。××派閥のほうが相当いいポストを回してくれるとなると、新人議員はそちらに寄って行く。

つまり、派閥の人数が増えるというのは、人事から資金までの面倒見がいい証拠でもある。逆に面倒見が悪いと、〝脱藩〟して別の派閥に入ってしまう。これは大変なことだ。

さあ入閣の日

代議士がペンギンみたいな形をしたモーニングを仕立てる時、ああそろそろと期待するものだ。もちろん、仲人をやる人はもう仕立ててあるが、大臣になったあかつきにはと、その日のためにと思って作る人もいる。目立たないように議員会館に持ってきて、大臣に指名されて着替える必要が生じた時に、というわけだ。

かつて議員会館の各部屋の電話には直通と内線の両方があった。組閣の時は、内線電話は使っても構わないが、直通電話は絶対に触ってはいけないといわれた。

というのは、組閣本部からの連絡は直通電話でかかってくるからだ。内線電話の場合だと交換台が間違えてつないでしまう危険性がある。違う先生につないでしまって、そうとは知らない組閣本部が「内閣総理大臣官邸ですが来てください」といったら、取り返しがつかないくらい大変なことになる。

そこで、直通電話が使われる。となると、組閣の時期に組閣候補になっている議員のところに直通電話をかけると、先生は官邸からの電話を今か今かと期待しているから、本人がすぐに受話器を取ってしまう。ところが、全然関係ない電話だったりする。「バカヤロウ！」と怒りたいけれどぐっとこらえて、「はいはいはいはい」とすぐに切る。いま電話で話している間にも官邸から電話が入るかもしれないと考えると、話し中にしたくないのは当然だ。

こんな理由で、候補名簿に載っている先生のところに直通電話をかけてはいけないというのが暗黙のルール。ところがそんなことを知らない人が「電話あった？」と聞いてきたりする。

わが先生の初入閣の時、組閣が始まる前に「テレビがそう報道してたから」といって、祝電が来たものだ。新聞広告の話まで来た。しかしこれは失礼な話だ。組閣本部から呼び込みをされていないのだから、どうなるかわからないではないか。

大臣になりそうだという時は、いろんな支援者が来る。ところが、駄目だった場合、その場からどうやって逃げだすかが大変。それとなくトイレに行くふりをして逃げ出すとか、あまり部屋の奥に入らないとか、逃げやすい場所を常に見ながら、その場をキープするというような技術が求められるのだ。かといって、あまりにもみんなの後ろでは目立たないし、あまりにも前でも万一の場合は困る。

先生はただもうじーっと待っている。もう夕刊が配られているのにまだ朝刊を読んでいたりと落ちつかない。心ここにあらず。頭は官邸を向いている。

かつては官邸からの電話は、「とにかく来てくれ」というだけだった。その時点ではどの大臣になるかわからない。だからもう、ソワソワソワソワドキドキドキドキ……。しかし今では官房長官が最初に記者会見で全部発表してしまうからつまらない。

とはいえ、やはり大臣になったら舞い上がってしまう。ある大臣のところにお祝いに飛んでいったら、そこの先生と秘書から「純也先生にはたいへんお世話になりまして」と、先代の名前をいわれたことがある。先代は故人なのだが、「小泉純」まで同じだし、舞い上がってしまっているから、頭がぼーっとしてわからなくなってしまったらしい。

大臣になったのはいいけれど、なればなったで内閣記者会での就任あいさつをしなければならない。これはみんなが注目する。

それだけに官僚のつくったメモになど目を落としつつの記者会見はしたくない。かといってメモを読まないでトンチンカンなことを言って、マスコミに「馬鹿大臣」と決めつけられるのも怖い。そこでとメモを読んでいれば読んでいたで、また「馬鹿」と言われる。

いくら風格があって良い人格でも、馬鹿正直な発言は馬鹿扱いされて、挙げ句の果てには命取りになる。阪神大震災の時に、小沢潔国土庁長官が記者から「いつ地震を知りましたか」と聞かれて、「弟から聞いた」といってしまったのがいい例だ。弟は政務秘書官だったのだから、「秘書官から聞いた」というべきだった。

しかも運悪く、官邸に向かう大臣の乗った車が遅れ、中央線の電車に乗り換えたらさらにまた遅れてしまった。こうして、担当大臣でありながら遅れに遅れて官邸に到着した。その時、冒頭で紹介した記者とのやりとりで一発でおしまいになった。

大臣でも副大臣でも、ただマスコミに名前が登場すればいいというものではないのだ。大臣や副大臣に就任してから終わるまで、まったく一回も目立たないで卒業するのがいい場合もある。実際はもっと悪い大臣がいるかもしれないし、実際は役所のことを、よくわからないまま終わってしまう大臣もいるかもしれない。しかしそうしたことが、まったくマスコミに出なければ、「あの先生は何々大臣をやった人だ」というだけで済み、「バカ」がばれることはない。

ああ、大臣なんだなぁと思うのは、たとえばこんな時である。

もう亡くなったが、昔、防衛庁長官になったある先生が自衛隊の隊列を組んで凱旋みたいにお国入りしたために、新聞で叩かれて、クビが飛んだことがあった。四、五人とか十人程度だったらまだしも、自衛隊の車両から何から全部くっつけて、隊列組んでパレードみたいにお国入りしてしまった。あまりにもうれしかったのだろう。

あるいは長野県選出だったある先生も防衛庁長官になった時、自衛隊機で木曽のアルプスを越えた。「お母さん、私は防衛庁長官になったよ」と涙を流して、上空から「お母さーん」と叫んだらしい。それで「アルプス越えのお母さん」というあだ名がついた。もっとも、お母さんには聞こえなかっただろうが。

ただし、こともあろうに指揮官である防衛庁長官が自衛隊機でアルプスを越えたのだから、この先生もバカにされてマスコミに叩かれて、結局、クビが飛んだ。航空法違反にはあてはまらなかったのが不幸中の幸いかもしれない。

それから閣僚になると、どこに行くにもSPがつく。取っ手に自分が手を出してドアを開けていたのが、「先生、ドアには手を触れないで結構です」といわれる。車のドアも含めて、閣僚が行く先々のドアを開けるのはSPの仕事なのだ。

タクシーなら自動でドアが開くが、実際に自分でドアを開けないで済むのはタクシーに乗った時と大臣になった時くらいのものだろう。うやうやしく手で開けてもらうことが、どれくらいうれしいことか。

とにかく大臣を一回やると、世界が変わる。自宅の前には警備のためのポリスボックスができる。電車に乗れば、乗降する駅の駅長が待っていてくれる。飛行場に行けば、VIPのところからスーッと入っていく。いつチケットを渡したか、わからないくらい。海外に行く時も帰国する時も、自分のパスポートを見ることなどない。どこの国に行っても大使館の人が迎えてくれる。

大臣の車がつくし、事務秘書官がつくし、どこに行っても超VIP状態。あらゆる場面で、偉くなったなぁと実感できるのだ。

失言大臣、無名の大臣

大臣の失言は、つい本音をしゃべってしまって問題になることが多い。であるならば、官僚がつくった大臣答弁のレクチャーを受けて、官僚作成の作文通りにしゃべれば傷がつくことはない。失言をする大臣のなかには、官僚が書いたペーパーを覚えきれていなかったというケースもある。

したがって官僚の役割のひとつは閣僚の答弁指導でもある。官僚に教えられた範囲内なら閣僚は自分の言葉で話してもいい。ところがその範囲を超えてとんでもないことを言ってしまう大臣がいる。失言が出ると、担当の省庁は天地がひっくり返ったような大騒ぎになる。内閣の支持率にも響く。内閣がひっくり返ることも起こりうるほど恐ろしい事態なのだ。

ほかの省庁から見れば、「だれがあの大臣の子守をしていたのだ」とか「だれが仕切っているんだ」という声も上がる。担当官庁の事務次官や官房長の能力は確実に疑われ、「あそこの官房長はバカじゃないの」とさえ言われる。きちんとクギを刺してレクチャーしていれば失言は起きないのだから。

実際、それなりの事務秘書官を大臣につけてうまくリードすれば、「俺はこう思っているけれど、たしか役所ではこういっていたなぁ。となると、こう発言するとまずいことになるぞ」と大臣は考え、これが抑止効果を発揮して失言は出ない。そうなると、「あそこの省庁の根回しはうまいなぁ」と評価されることもある。

こういうことは特に政策面でよく見られる。たとえば水面下で自由党が絡んだ介護保険の場合、八割はもう実施しているから、野中官房長官は記者会見で「ちゃんと私はやれます」といった。残りの二割分として自由党を立てたような話もした。ここで「自民党の執行部でまったく基本に沿って、今まで積み上げてきた状態を推進します」と発言してしまい、自由党の絡みが発覚、ご破算になった。

こういう会話の中で、「おおむね七百億円投じている」などと共通理解している話が出た場合は、「メモが頭に入っているんだなぁ。だれがレクチャーしたんだろうか」と感心する。そして調べてみて、誰々が会ってレクチャーしたということがわかれば、「おい、たいしたもんじゃないか」と評価される。逆に失言させてしまうと「何でちゃんとクギを刺しておかなかったのか」と批判されるのだ。

なにはともあれ大臣になるということはいろいろな面で大変なことだ。

大臣は名前と顔が売れているのが何かと都合がいい。しかし、現実には名前も顔も売れていない大臣が少なくない。そんな、いるかいないか分からないような大臣になってしまうと、実にみじめな目に遭う。

ある大臣がある大会の会場にやって来たところ、主催者が「すいません、まだ××大臣が到着していないんですが」とSPに声をかけた。SPはあわてて「いや、大臣は今ここに」「えっ、あっ、大臣ですか、すいません」。こんなケースはよくある。特に地方での大会などに出席すると、こんな会話が当の大臣の目の前で展開される。

こうした事態を防ぐために一番いいのは、事前に大臣の顔写真と到着時刻のスケジュールを主催者側に伝えておくことだ。

どんな人でも、副大臣や閣僚になると胸を張り、偉く見える。ところが問題なのは、いくら胸を張って歩いてみても、顔と名前を知られていないと、誰からも「あっ、××大臣だ」と言われない。近くにいても気づいてもらえない。ましてや、SPやお付きとともにすごい車から降りても、「まだ肝心の大臣が到着しておりません。しばらくお待ちください」というアナウンスが流れる。SPからそれとなく「いや、大臣はここに来ています」と耳打ちする。その時のSPの気分って……。

主催者側から見ると、国会議員のバッジか農業委員のバッジかよく分からない。しかも農業委員のバッジは国会議員のバッジより偉く見える。ましてや政令指定都市の市議会議員のバッジは私もビックリするほど国会議員のバッジとまちがえやすい。国会議員のバッジを見たことがなければ、大臣かどうか以前に国会議員かどうかすら分かってもらえないのだ。

役所・マスコミにとって大臣とは

大物大臣は、外務、財務、経済産業省辺りに集中する。普通の大臣はこの三つ以外ということになる。しかも、長官といわれるポストよりは大臣と呼ばれるところに就きたいのが議員の本音だ。実際、長官ポストを二回やっていても、支持者から「おらの先生は長官を二回やったけど、大臣は能力的に無理みたい」と烙印を押されるわけで、実にかわいそうなのだ。だから、長官も立派な国務大臣なのに、意地でも大臣と名のつくポストにこだわる議員もいる。そんなセンセイを迎えて役人たちは……。

まず大臣になった場合、雑費は惜しみなく使わなければならない。何も大袈裟な出費ではなく、打ち合わせの際のお茶代や仕事が夜遅くなった時の飯代くらいは、役所に出させるようではいけないのだ。

と同時にその役所の顔になるのだから、マスコミを引きつけなければ意味がない。何を話しても事務次官の会見のほうがわかりやすいという評判が記者の間で立つと、大臣にはだれも近寄らない。

さらに、役所がある政策を打ち出し、遂行しようとして、しかし官僚の力ではどうしても進められないことがある。そんな時に大臣が露払いして、政策が成立すると、役所にとってはありがたい。

反対に、大臣になったからといって、大臣と大臣秘書官が自分の利益のためだけに行動するようでは困る。変な陳情を受け入れてはならないのだ。

閣僚になって一番つらいのは、予算委員会などで集中砲火を浴びそうな時で、これは針のムシロだ。夜もおちおち眠れない。

普通、閣議は火曜と金曜に開かれる。閣僚は三十分前ごろには集合する。閣議のあとは記者会見だ。午前十時から予算委員会があり、そこで質問を受ける閣僚の場合、閣議の前に官僚からレクチャーを受けなければならない。しかし、その時間がない場合、午前六時ごろからレクチャーが始まったりする。難しいものになると一問で一時間も費やされるから、閣僚は大変だ。

そんな場合は夜の宴会にも出ないで午後六時半ごろになるとまっすぐ家に帰って寝てしまう。閣僚こそいろんな宴会や集会があるのに、レクチャー最優先の生活にせざるを得ない。

レクチャーは局長以下、担当課がする。

たまに応援弁士や講演などで地方出張すると、閣僚ゆえに地元のさまざまな団体から陳情を受けることになる。その時に答えられないと困るから、事前に要望書の形で陳情内容を知っておく必要がある。するとそのためのレクチャーを受けなければならない。ある大臣はこのレクチャーだけで三時間かかった。

そんな大臣に各都道府県が陳情するとなると、前もって大臣室がチェックする。すると陳情の担当課はレクチャーしなければならないから大変困る。こうした場合には、機転を利かせて大臣室が「面会希望」とする。例えば「長崎県庁の福祉部長が会いたい」というふうに登録すれば、レクチャーしなくて済むわけだ。

もちろんレクチャーは大臣しだいで、〇〇大臣の時は五分か十分で済んだのが、今の××大臣では最低一時間かかる。三十分かかるのが一時間、一時間かかるのが二、三時間かかる。閣議の前の午前六時出勤でみんな死んでいる状態。当然役所はマヒ状態だ。

それでいて、当日の委員会で国会答弁用の資料をそのまま棒読みしている。それではその前の何時間ものレクチャーはいったい何だったんだ、ということがけっこうあるのだ。

それでも役所にとっては、掌に乗せれば踊ってくれる閣僚が一番いいのだろう。ただし、マスコミに叩かれないことが条件だ。叩かれたら役所までが意気消沈し、地盤沈下してしまうからだ。マスコミからも遠ざかって、相手にされない大臣がいい。ただ静かに時間が過ぎてくれればいいというわけだ。

たとえば二十一省庁時代には大臣がいっぱいいたが、就任してから辞めるまでの間、新聞に名前が一文字も一回も出ないで終わるケースもある。そんな大臣を抱えた役所は、それはそれでまたありがたいというのが本音だ。マスコミに変に書かれるよりいいではないか。記者が誰一人として相手にしてくれず、役所の言うとおりに動いてくれる大臣が、役所ではモテるのだ。

うかつにみんなの注目を集めてしまうと、ボロが出たりした時に役所のフォローアップが大変だ。そんなことになるよりは静かにしているほうが役所にとっては都合がいい。もっとも総理大臣がそんなことでは困るのだが、現実にテレビも誰も声をかけてくれない大臣がいるのも事実。

そんな大臣でも本心は少し脚光を浴びたいという気持ちはあるだろう。SPがついてるから、「あ、この人は偉い人なんだな」と分かるにすぎないのはくやしい。「野党の党首かな」と勘違いされたり、「あの人はどこの大臣だったっけ」と名前を忘れられたり、「エエッ、大臣ですか」と驚かれるような認知度の低さでは悲しい。

だから大臣はマスコミに出たがる。出たがる以上は、多くの官僚がレクチャーなどいろんな面でフォローアップしなければならない。ところが、長く閣僚をしているのに記事がまったく出ない人もいる。その理由は官僚のレクチャーの延長線上の話ばかりしているためだ。

記者からすると囲み記事にもならないのだ。

そういう場合は、トチッて事務方がいっていることと違えてくれたほうが、かえってありがたいこともある。トチれば囲み記事くらいで紹介されるではないか。あるいはカタカナが全く違ってたということでも記事になる。ミスもなく、しかもつまらない。事務次官の話の延長だとなると、記者はそんな大臣の話は書かないのだ。

大臣はみんな「賢くて君子」

大臣という肩書きが人を変える。すごく立派な人物に見えるのだ。ところが国会での質問を受ける時になると、字も読めなかったり、トンチンカンなことをいったりして恥をかくこともある。しかし、大臣に就任した早々はみんな立派だ。

細川連立政権で旧野党の方々が大臣になった当時は、レクチャーするほうは大変だった。役所が大きく、扱う問題の間口が広ければ広いほどレクチャーも広くなる。大臣にしても、「知らない」とはいえない。

大学に四年間通っても、なかなか一科目すら頭にきちんと入るものではないが、日本の大臣にもなる人は、さすがに大したもんで、役所何十年のベテランがレクチャーすると速やかに全部が頭に入るようだ。「いかがでございましょう」と聞かれた大臣は「ヨシ」と応じて、次のレクチャーに進む。六十歳を過ぎ、文字を読むのに老眼鏡を買ったりして、記憶がどんどん悪くなり、という世代が、だ。七十歳を過ぎた大臣もいるのに。

普通の人なら胸を張っているだけで、頭に入るものではない。ねじり鉢巻きして夢中になって覚えてもすぐに忘れてしまうものだ。しかし大臣ともなると、パリッとした背広を着込み、官僚からのレクチャーを聞くとすべて理解できてしまうのだ。万が一にも「知らない」と言えば馬鹿にされてしまうから、「わかった、わかった」の大盤振る舞いである。

もちろん、大臣が「わかった」といっているからといって、官僚がそれを鵜呑みにするわけではない。国会や委員会で今後質問などを受けそうな場合は、事前に的確な情報を集め、想定問答の答弁資料を作っておく。「わかった」大臣であることは承知しつつも、徹夜も辞さずに一生懸命答弁資料を作る官僚の辛さ。答弁などでもし何か問題が生じたらまずいので、作っておくわけだ。「たしか、これ、もう十回以上教えたはずだが、この大臣の頭にはまだ入ってないようだ」と官僚が思うこともある。しかしそんなことは決して口にしない。

ある議員が大臣になった際、委員会で野党からいくら質問を受けても、下を向いて絶対に自分の席から立たず、答弁しなかった。代わりに全部官僚が答えた。野党に「私は大臣に聞いてるんだ」と言われても、知らん顔して寝たふりさえしたほどだ。立つ時は、官僚がつくった簡単なメモを読み上げる時だけだった。

また、重要なことだから大臣に聞いているのに、「大変なことでございますから、担当局長に答弁させます」と逃げる大臣もいる。大変な問題だから大臣自身に質問してるのにと怒る前に、質問者も唖然として絶句してしまう。よくいえば非常に率直だ。ヤバいことはいえないとわかっているのだから。

そういう大臣に対して、官僚は腹の中では早く辞めてもらいたいと思っている。しかし、これが日本の政治家のレベルであり、法律をつくる立法府の立場の先生方だと考えれば、従わざるをえない。官僚は政治家がつくった法律の範囲内でしか行動できないのだから。官僚にしてみれば大変辛いところだ。そこへ今度は副大臣制を導入して、政治主導で行政府を動かすという流れになっている。大臣一人を相手にするのでも官僚はレクチャーや答弁準備などで大変なのに、副大臣までできたらもっと大変なことになる。

ところで内閣（そして役所も）で一番困るのは、もうそろそろこの内閣は終わりだなとわかった時、各派閥からどうしようもない人を全部押しつけられることだ。最後かもしれないという時こそ最高の実力者を並べれば、もしかすると上向きになるかもしれないのに、えてしてそうはならない。内閣が弱い時は、集まる者もみんな弱い。在庫一掃セールと同じだ。内閣としては、どうでもいいような人は御免こうむりたいが、拒否すらできない。だから自然とつぶれる。

逆にいうと、第一次内閣は強い。しかし、第二次、第三次……となるにつれて弱体化することが多い。末期の橋本内閣のように、佐藤孝行という絶対に取ってはならないカードを拾わされたら、それでもうおしまいだ。

たとえば、派閥が割り当てが三人というところに五人を挙げると、五人のうち二人は確実に落ちる。でも、三人の割り当てに対して派閥が三人ちょうどしか挙げてこなければ、組閣本部はその三人を受け入れるしかない。「三人を受け入れてくれないなら、非主流派に移る」と言われたら内閣はおしまいだから、嫌でも引き受けざるを得ない。

もちろん、総理大臣を中心に、内閣のメンバーの絵は描く。新人や閣僚経験者、そして全派閥からノミネートされた名簿を見ながら、「これはやめよう」とか「これを挙げてきたら断ろう」とか「だったら、こっちがいい」と駆け引きをすることもある。

代議士から見ると、閣僚を一回やったら、その次とまたその次のおおむね二回内閣改造を休んで、三回目の内閣改造でまた閣僚になるというサイクルが一番いい。というのは、閣僚には新人枠と経験者枠があるから、だいたい二回休めば順番が回ってくるからだ。

だいたいそんなローテーションで回っているが、それから外れる人もいる。年を取り過ぎているとか、あまりにもトンチンカンだったとかのケースだ。その一方で、二回の休みを待てなくて、いろんな人を集めて政策がどうのこうのとぶちあげる人もいる。そんな人の政策を聞いても、「大臣か三役に入れろ」というふうに聞こえてしまう。そうすると顰蹙を買うだけだ。そうは聞こえないような静けさと要領の良さが必要だ。

たとえば、百人の非主流派が何か議員連盟をつくって政治の改革案などを並べたことがあった。でも、閣僚から落ちこぼれた古株の顔が全部そろって、まるで自民党の一番悪い骨に悪い肉と皮がついたようなもの。一見しただけでは大物ばかりが並んでいるようだが、実際はみんな駄目だ。

だから、そんなシーンをテレビなどのニュースで見た国民は「ああ、全部、A級の不満分子だ」と思うだけ。実際、あの人たちが今の自民党から消えれば新生自民党になると思わせる顔ぶれだ。

一般的に政治家の動きはすべて「ポスト狙い」という視点で見ていくと非常にわかりやすい。もっとも、サラリーマンでも同じこと。初めて取締役になる時は取締役会や株主総会が終わるまでは針のむしろなのだから。

大臣は花押と看板に賭ける

これまで述べてきたような状態だから、大臣になると、どんな人でもツヤが出てくる。胸を張ると、それはそれは立派に見えてくる。服を着ている姿もさまになる。フェロモンではないが、何か脳細胞が変わるエネルギーが大臣というポストにはあるのかもしれない。

なかでも大臣になって花押《かおう》を使えるようになるとうれしいものだ。閣議では墨を使うが、政務次官会議や役所での人事や法案の決裁などは、赤色の鉛筆で花押を書く。

自分で花押をデザインする人もいれば、花押の専門家にデザインしてもらう人もいる。その専門家は同時に占い師でもあることが多い。「あの人の占いは当たる」とか「あの人のデザインした花押で運が良くなった」とか言われることもある。二世や三世議員のなかには、親父の花押を少し変形しただけで勝手に使ってしまう人もいる。

実は、花押のデザインは何でもいい。何をどう書いても他人にはわかりはしない。別に名前をもじる必要もないから、日本独特のデザインだといえる。そして、デザインした花押は内閣に登録する。

昔は選挙の時に閣僚や党役員の花押一覧表がつくられ、党の公認・推薦候補の選挙の現場に流されたものだ。現場では電話で了解を取り、花押をはさみで切って、チラシなどに張って印刷に回す。「私はこの人から推薦をもらった」という証明になるわけだ。いかにもその人から直接書いてもらったみたいに見える。実際は候補者自身が「私は何々君をたいへん素晴らしく思っている」などと票に結びつきそうなことを書いていても、「この先生から花押の書かれたこんな挨拶文が来た」と言える。

それほどまでに扱われた花押だが、実はどれを見ても、ほとんど同じ。誰かが真似しても、偽物だとわかることは、まずありえない。下手をすれば同じデザインが出てくるかもしれない。

二〇〇一年一月六日、省庁が再編された。各マスコミが新たに発足した省庁の看板がかけかえられるのを報道したのをごらんになった読者も多いだろう。ちなみに国土交通省は扇千景保守党党首が字を書いた。絵になりますからね。

ことほどさように役所名を記したプレートは大臣にとって気になる存在だ。たとえば、今の農林水産省の看板は、中川一郎が書いた。国土庁の文字は田中角栄が書いた。田中さんが総理の時に設置を決めたからだ。わが先生が厚生大臣の時、築地の国立がんセンターを建て替えた。そこで、「国立がんセンター」というネームプレートの文字は、わが先生が書いた。書いた和紙は額装して、総長室かどこかに飾ってあるはずだ。

横須賀市にある防衛庁の総監部のプレートは、先代である小泉純也が防衛庁長官の時に書いた。先代はすでに亡くなっているが、看板は残っている。新しい看板に変わる時は、取り外されて遺族に届けられることになっている。

政治家から見れば大変な名誉だ。大臣は半年で任期を終えるかもしれないが、看板は何十年も残るのだから。

こんな話がある。沖縄開発庁が入る役所の玄関先に、鉄の板に「沖縄開発庁」と書いてあるのを見た当時の鈴木宗男長官は「これではつまらない。ぜひ立派な木に筆で書いて飾りたい」と言い出した。そこで役人が板を用意し、用意万端整えて飾ることになった。

「大臣、板を何日にかけますからよろしく」と説明を受け、「これで三十年は、役所がどこに引っ越そうと何をしようと、沖縄開発庁がある限り、俺の書いた文字が残る」

いよいよ立派な看板を飾る日がやってきた。鈴木長官は、思い切って沖縄開発庁という文字を書こうと心の準備をして待っていた。ところが、こともあろうに、もうすでに「沖縄開発庁」の文字の入った板ができあがっている。「なんだこの文字は」と鈴木長官が聞いたところ、「立派な書家に書いてもらった」と役人が答えるではないか。

看板を有名な書家が書いても、大臣にとってはうれしくも何ともない。鈴木長官のケースは、「看板がないからつくれ」といわれ、「ああそうだ、つくらなければいけない」と役人が思った。ここまではよかった。ところが、政治家の心を知らなかったために、勝手に看板をつくってしまった。看板が出来上がっているのだから、それを設置せざるをえない。かんなで削るわけにはいかないのだ。

鈴木長官は怒った。

担当者はこの件で一瞬にして一番ダメな官僚になり下がってしまった。この担当者は、鈴木宗男が政治家である限り、今後も絶対浮かばれない。政治家の心を知らないのが、不運だった。しかも、もっと不運だったのは、鈴木の親分だった中川一郎が農林水産省の看板を書いた時の政務秘書官が鈴木先生自身だったことだ。その時のことを鈴木先生は当然思い出しただろう。

ただ、局長だけは救われたようだ。退職願いの書面を用意したが、周囲から「あの局長のお子さんは、まだ中学生だ」といわれ、情にもろい鈴木長官は「そうか、かわいそうに」と思い、退職願いを破ってしまった。

看板ひとつ、筆ひとつでも怖いものなのだ。

文字には一人ひとりの持ち味がある。「これは見たことがない面白い文字だけれど、だれが書いたのか」と思って看板の横を見ると「○○△△書」などと記されてある。

マジックインキで書いたような文字であっても、「こんな格式のあるお役所で、この文字は誰が書いたんだろう」と、よほどの人が書いたに違いないと思われる。あるいは「この文字は枯れて見える」などと思われることもある。実際はまったく下手くそな文字であっても、そのように見えてしまうことがあるのは、役所や大臣の権威のすごさではないだろうか。

「この文字は一体なんだ」と思っても、「トルストイの文字だよ」といわれれば、これがそうなのかと誰でも感心する。その途端その文字に何億もの価値がつくことさえある。文字というのはそういうものだ。上手い下手は関係ないので、心をこめて書く。私があの世に逝ってもこれは残るんだと思って、一文字一文字を気持ちを込めて心をこめて代議士は書く。

というわけで、お話が「看板」に及びましたので、私の永田町談義もカンバンといたしましょう。読者のみなさん、長らくおつきあい下さいましてありがとうございました。

あとがき――二十一世紀のトップリーダー（政治家）に求められるもの

二十一世紀をむかえた正月早々、小山孝雄参議院議員の逮捕の報に接した。小山氏は議員秘書出身の政治家である。『代議士秘書』というタイトルの本を編集している最中のこのニュースは私の心を滅入らせた。多くの人々がこれでまた秘書についてよからぬイメージを持つのだろう、と。

テレビドラマやなにかでは「議員秘書」なるものが登場する際、たいてい彼は悪人である。不正を働き、まずい状況になるともみ消しをはかるのがお定まり。それでいて最後にはボスに裏切られて捕まったり、ひどい場合には殺されたりする。まあ、何か不祥事がおきた際、「秘書が、秘書が」といって逃げる先生がいることも事実だからしかたないのかもしれない。

しかし、少し考えていただきたい。すべての政治家や議員秘書はカネのにおいのするところにすぐ集まる種族なのだろうか。選挙民の方から何かを期待して近づくことはないのだろうか。ひと昔まえ、秦野章氏が「この程度の国民にはこの程度の政治」と発言して顰蹙《ひんしゅく》を買ったことがあるが、政治はやはり国民の反映ではないのか、などと思うことがある。

この本は『永田町の掟』というタイトルで一九九五年に光文社から刊行したものに大幅加筆、再編集したものだ。単行本の時は「豪《ごう》徳寺三生《とくじみつお》」というペンネームを用いたが、文庫化に際して改題、本名で出すことにした。今回、私は自分の三十年の経験を面白おかしく語ったが、ほんとうは読者のみなさんにも政治を真面目に考えていただきたいからなのである。

おそらく二十一世紀最初の四半世紀は、激動と混迷の時代となろう。旧来の価値観や社会秩序、科学技術といった社会を基礎づけるさまざまな要素が大きく変化し、人々は日常にも自身の未来にも確信が持てなくなる。明治維新、占領期に次ぐ大変革期である。

ただ、維新の際には旧幕府の要人は、ほぼ総退場を余儀なくされた。占領期にはGHQの威光の下、古い人たちの多くがパージされた。今回は違う。平和的に、私たち自身の手で迅速に新しいトップリーダーを選び出さねばならない。そうしないと我が国がダメになると国民はすでに気づいている。私の三十年の経験からみても有権者は確実に変わり始めている。東京、長野しかり、栃木しかり。本書に綴った事柄の多くが過去のものになってほしいと切に思う。

ただ、人間の本質は昔からかわることはない。だから本書の内容がすべて過去のものになるとは私は信じない。だからこそ、なにも大げさにマキャベリなど持ち出すつもりもないが、リーダーの資質について考えてみたいのである。変革の時代、多くの人々にとっては混乱と不安のほうが大きい、そんななかで方向を指し示せる人物の第一の資質はなんだろうか。

それは国民から信頼されることではないか。国民におもねったり、その場しのぎのきれいごとをいうだけでは、やがて信頼を失い、ひいては蔑まれることになる。国民は思いの外したたかで賢いのである。時代の流れを体現すると人々に信じさせ、明確なビジョンを持ってどこに進めばいいのかを明確に語れる者、変化をおそれず、厳しいことでも必要なことは国民に求められる、ある時には恐れられる者こそが真に国民の信頼を勝ちうるのだと思う。そんな人物のために私は働いてきたと自負している。

ふたつめは、決断すべき時に決断し、同時に自らの決断に責任を持つ矜持《きょうじ》があること。これは今の政治家がもっとも不得意とするところだろうが、結局のところリーダーの本質的な仕事はそれに尽きる。要は人（組織）を動かすということだから。

これを間違いなく確実に実行するためには、必要な情報を入手し、整理し、状況を的確に把握してリーダーの決断を支える優秀なブレーン・スタッフ組織が不可欠である。自身のために尽力する専門性を持った人材集団を擁すること、阿諛追従《あゆついしょう》とは無縁の機動的かつ率直な人材集団を持つこと、これが今の政治家には決定的に不足していると思う。

政治は究極的には欲望の調整による権力の争奪である。それを理解しつつ欲望に溺れず、志を持ち続けられる者にしか政治はしてほしくない。

いまの議会制民主主義のもとでそれを可能にするのは選挙だけだ。だから私は選挙=選挙民について赤裸々にのべた。また大臣をめざす議員の生態、官僚の事情にもふれた。青臭いようだが、読者そして若い人たちには「永田町」というだけで顔をそむけることなく私たち自身の鏡像に相対してほしい。

そこからしか何も生まれない。それが、私の秘書生活の結論である。

最後に解説をご執筆下さった立教大学の新藤宗幸教授、そして編集、校正、製作、販売に関わったすべての方々に感謝申しあげる。

平成十三年　一月

飯島　勲

解説

新藤宗幸

代議士のスキャンダルの度に、「秘書が、秘書が……」の逃げ口上が連発される。いま、まさに政治の焦点ともなっているKSDスキャンダルでも、こうした口上が発せられたし、議員秘書どころか「秘書議員」の汚職が、連日のように報道されている。

わたしも、幾人かの議員秘書と個人的付き合いがあるが、これでは心ある秘書はたまったものではない。さぞや肩身が狭い思いをしているのではないか、と同情心もわいてくる。しかし、他方において、利権を漁《あさ》る不心得な政治家の黒子のごとく行動している秘書がいないとも言い切れない。

こうした評価の定まらない秘書像を念頭におきつつ本書を読んでみよう。読後感を一言で言えば、とにかく「痛快」である。とはいえ、ここには「痛快」を越えて日本の政治の実態が、あますところなく描かれている。

かつて、『代議士の誕生』を著わしたのは、アメリカ人政治学者であり、日本人にも著名なジェラルド・カーチスである。それは、日本人政治学者が手がけてこなかった選挙運動の実態を、草の根を這うようにしてルポし、日本政治の深層に迫ったものであった。飯島勲氏は、本書を日本政治分析として著わしたわけではないが、代議士の政治生活の核心を語っている。

秘書の仕事は数限りなくある。しかし、その中心が選挙に勝利し、議席の維持を支えることにあるのは言うまでもなかろう。代議士の落選は秘書の失職でもある。そしてまた、そうした個人的利害を超えて、信奉する代議士に議席を維持させたいというのは、人間の心情でもあろう。そこで秘書は、さまざまな戦略・戦術の工夫に頭をひねり、代議士の行動と選挙民の心情に訴えることになる。

たとえば、地元と「先生」の関係である。

地元に帰ってきても事務所にふんぞり返っているのは、論外である。だからといって、辺《へん》鄙《び》な場所での集会にまでマメに顔を出したのでは、かえってマイナスである。道路開設などの選挙民の心をくすぐる機会を的確に捉えて、「先生」を出席させねばならない。これなど、なるほどと妙に感心させられる戦術である。

キツネとタヌキの騙しあいにも似たライバル陣営の操作、警察の動きからの情報の取得、いかがわしい名簿を売りつける「支持者」への対応、アルバイト学生をサボらせない工夫、とくに男子学生と女子学生の組み合わせの妙など、「日本でできる唯一の戦争」である選挙の実相を知ることができる貴重な記述である。

しかし、飯島氏は、別にこうした選挙戦の手の内を得々として語っているわけではない。さすがに三十年にわたる秘書経験は、一九九三年以来の政治改革とは何かについて、疑問を提示せざるを得ないのであろう。

「衆議院議員選挙制度は、小選挙区比例代表並立型に変えられた。一つの自治体の区域より小さい選挙区もある。こうなると「政治家は地元への利益誘導だけしていればいいことになり、こむずかしい政策論争に力を入れ、委員会の審議などに加わって意見を述べたりするのは、けっして得策でないということになる」。

まさにそうであって、政党本位、政策中心の選挙戦などという九三年から九四年にかけて語られた選挙制度改革の正当化論は、虚構なのである。もっとも、飯島氏が言うように、将来的に議席が安定するならば、政策本位の選挙戦になるといえないこともない。しかし、議席の安定は、代議士という国民の代表への、入力の限定でもある。

選挙戦の実相、小選挙区の弊害を考えるならば、もっと別の選挙制度を考えなくてはならないのではないか。

＊　　＊　　＊

ところで、秘書の仕事は、選挙戦に臨むことだけにあるのではない。代議士には、さまざまな陳情や売り込みが舞い込んでくる。就職の世話もそのひとつだが、自民党政治を特色付けたばかりか、大なり小なり日本の議員活動の中心に位置してきたのは、公共事業の箇所付けへの影響力の発揮である。

予算の手続き過程は、きわめて複雑である。飯島氏は地元民からの要望をいかに国家予算に反映させるかは、代議士の政治生命にかかわるという。たしかに、現状においてはそのとおりであろう。

したがって議員そして秘書は、日本の予算システムを充分に理解するとともに、財務省主計局をはじめとして役人たちのポジションを良く知っていなくてはならない。主計局官僚の名前も言えない秘書は「落第」とされているが、良し悪しはともかく、漫然と「鞄持ち」しているだけでは、代議士を支える秘書は勤まらない。

ただし、そのような苦労を重ねてみても、代議士が介入できる余地がそれほど大きくないのも、ある意味で事実とも言えよう。そこに官僚の論理をいかに逆手に利用し、地元の利益を護るかが、これまた知恵の発揮どころとなる。

政治家と官僚との関係をいかに律するかは、今次の行政改革でも重要なテーマであった。飯島氏のような長年秘書として政治家群像を見てきた人には、本書に語り尽くされていないさまざまな思いがあることだろう。しかし、本書に述べられた範囲のみで言っても、大臣にはなりたいとの願いがかなっても、大臣としての「重み」を周囲に知らしめる苦労は、並大抵ではないようだ。

大臣が官僚の作成したメモを棒読みする、あるいは「重要なことですので担当局長に答弁させる」といった言動は、これまでにもテレビなどを通じて報道され、失笑を買ってきたことである。官僚たちが心の底で何を思っているかは、飯島氏ならずとも想像に難くない。

本書のなかで「そこまでやっているのか」とあらためて考えさせられるのは、大臣の地方視察などにあたって、あらかじめ写真を配っておくことである。たしかに、大臣といわれても、SPまで含めて人々に顔が知れ渡っている者ばかりではない。「威厳」を保つ事前のPRが重要となる。この努力を否定しないが、秘書氏の側に立てば何ともご苦労なことであり、客観的に見れば情けない現実である。政治主導の政治が期待されているものの、道は遠いといわねばならないようである。

さて、代議士秘書の悲哀を織り交ぜながら、本書に綴られた政治の実態をどのように考えるべきであろうか。おそらく、こうした実態のなかで生きている人々は、これでよいのかという感情を抱きつつも、いちいち逡巡《しゅんじゅん》していたのでは、仕事がこなせないと考えていることであろう。そして、「継続は力」のごとく日々の活動に邁進する。

＊　＊　＊

実際、秘書活動の多くは構造化された政治のなかでのことである。代議士の権力や影響力に依拠して個別の利益を実現しようと考える人間は跡を絶たない。代議士は、これらのなかから胡散臭《うさんくさ》い者を排除しつつ、議席の維持のために「面倒見」をすることになる。かつて日本の政治を評して「御供物・御利益政治」と名づけたのは、京極純一である。支持者は票と金の御供物を献じて御利益をえる。この状況からは、時に誘惑の手に身を委ねてしまう政治家が出現し、政治の腐敗が生じることにもなる。

ここから脱却する道は、けっして平坦ではない。

繰り返し政治自体が課題としてきた政治資金規正法の強化や選挙制度の改革が、今後とも求められるのはいうまでもない。しかし、そうした制度改革とならんで、政治家を「便利屋」として使うことをもって政治と観念する有権者もまた、認識の見直しを問われているというべきである。

政治家を「雑事」から解放し、国の将来展望や政策のあり方に専念させることが、これほど問われている時代もないのである。これは、けっして「書生論」や「理想」として片付けられてはなるまい。「百年河清を俟つ」では、日本という国自体が破綻してしまうにちがいない。

数々のエピソードを交えて、秘書活動を「痛快に」綴った飯島氏は、案外、国民一人ひとりが政治への認識をあらため、政治改革に熱心になれとのメッセージを送っているのかもしれない。

【二〇〇一年二月　記】

（しんどう・むねゆき／立教大学教授）

●本書は『永田町の掟』（一九九五年七月、光文社刊）に大幅加筆、再編集の上、改題したものです。

|著者|飯島 勲 昭和20年長野県辰野町に生まれる。昭和47年小泉純一郎の初当選とともに、その秘書となる。竹下内閣、宇野内閣で厚生大臣秘書官。宮沢内閣で郵政大臣秘書官、第2次・第3次橋本内閣で厚生大臣秘書官。元自由民主党秘書会副会長。永年秘書衆議院議長表彰を受ける。現在、小泉純一郎政策担当秘書。

代議士秘書《だいぎしひしよ》 永田町《ながたちよう》、笑《わら》っちゃうけどホントの話《はなし》

飯島《いいじま》 勲《いさお》

2001年3月15日第1刷発行
2001年3月30日第2刷発行

発行者——野間佐和子
発行所——株式会社 講談社
東京都文京区音羽2-12-21 〒112-8001
電話 出版部 (03) 5395-3510
販売部 (03) 5395-3626
製作部 (03) 5395-3615

Printed in Japan

講談社文庫

定価はカバーに表示してあります

デザイン—菊地信義
製版——信毎書籍印刷株式会社
印刷——信毎書籍印刷株式会社
製本——株式会社若林製本工場

落丁本・乱丁本は小社書籍製作部あてにお送りください。送料は小社負担にてお取替えします。なお、この本の内容についてのお問い合わせは文庫出版部あてにお願いいたします。 (庫)

ISBN4-06-273095-2

講談社文庫刊行の辞

二十一世紀の到来を目睫に望みながら、われわれはいま、人類史上かつて例を見ない巨大な転換期をむかえようとしている。

世界も、日本も、激動の予兆に対する期待とおののきを内に蔵して、未知の時代に歩み入ろうとしている。このときにあたり、創業の人野間清治の「ナショナル・エデュケイター」への志を現代に甦らせようと意図して、われわれはここに古今の文芸作品はいうまでもなく、ひろく人文・社会・自然の諸科学から東西の名著を網羅する、新しい綜合文庫の発刊を決意した。

激動の転換期はまた断絶の時代である。われわれは戦後二十五年間の出版文化のありかたへの深い反省をこめて、この断絶の時代にあえて人間的な持続を求めようとする。いたずらに浮薄な商業主義のあだ花を追い求めることなく、長期にわたって良書に生命をあたえようとつとめるところにしか、今後の出版文化の真の繁栄はあり得ないと信じるからである。

同時にわれわれはこの綜合文庫の刊行を通じて、人文・社会・自然の諸科学が、結局人間の学にほかならないことを立証しようと願っている。かつて知識とは、「汝自身を知る」ことにつきていた。現代社会の瑣末な情報の氾濫のなかから、力強い知識の源泉を掘り起し、技術文明のただなかに、生きた人間の姿を復活させること。それこそわれわれの切なる希求である。

われわれは権威に盲従せず、俗流に媚びることなく、渾然一体となって日本の「草の根」をかたちづくる若く新しい世代の人々に、心をこめてこの新しい綜合文庫をおくり届けたい。それは知識の泉であるとともに感受性のふるさとであり、もっとも有機的に組織され、社会に開かれた万人のための大学をめざしている。大方の支援と協力を衷心より切望してやまない。

一九七一年七月

野間省一